Ulrich Baer | Marietheres Waschk

KlassenSpiele: Bewegung im Klassenzimmer und auf dem Schulhof

Klett | Kallmeyer

Alle in diesem Buch dargestellten Spiele sind praxiserprobt, ihre Durchführung erfolgt jedoch auf eigene Gefahr. Die Planung entsprechender Sicherheitsmaßnahmen muss durch die Lehrkraft gewährleistet sein. Eine Haftung des Autors oder des Verlags ist ausgeschlossen.

Bibliografische Information der Deutschen Nationalbibliothek
Die Deutsche Nationalbibliothek verzeichnet diese Publikation in der Deutschen Nationalbibliografie; detaillierte bibliografische Daten sind im Internet über http://dnb.d-nb.de abrufbar.

Impressum

Ulrich Baer, Marietheres Waschk
Klassenspiele: Bewegung im Klassenzimmer und auf dem Schulhof

2. Auflage 2019

Redaktion: Susanne Lesaar, Freiburg
Illustrationen: Hendrik Kranenberg, Drolshagen
Druck: BELTZ Grafische Betriebe GmbH, Bad Langensalza
Printed in Germany

ISBN: 978-3-7800-4826-4

Ulrich Baer | Marietheres Waschk

KlassenSpiele:

Bewegung im Klassenzimmer und auf dem Schulhof

Klett | Kallmeyer

Inhalt

Vorwort: Vorspiel

Spielkarten	Spiel
Clowns 1, 2, 3	1
Riese und Zwerg	2
Fingerduell	3
Klatschkanon	4
Plätze würfeln	5
Pferderennen	6
Sportreportage	7
Über Stock und Stein	8
Wer ist hier der Boss?	9
Aufstand	10
Weitergeben	11
Luftmalerei	12
Freeclimber	13
Stille Post	14
Hindernisparcours	15
Maschinenbauer	16
Spiegelspiel	17
Waschstraße	18
Zeitlupenspiele	19
Körper-Abc	20
Strandspaziergang	21
Wolkenbett	22
Blind bewegen	23
Wer kann das?	24
Blinde Schlange	25
Wetter-Massage	26
Wachklopfen	27
Knotenspiel	28
Der freie Stuhl	29
Handtuchball	30
Pinguine auf der Eisscholle	31
Gruppenjonglage	32
DMM: Deutsche Möbelhund-Meisterschaft	33
Zoobesuch	34
Flipperspiel	35
Tanzspiele für den Klassenraum	36
Känguru-Schule	37
Mein rechter, linker Platz ist frei	38
Familienfest der Tausendfüßler	39
Dschungelspiele	40

Förderschwerpunkte der Spiele
Download-Code

Vorspiel

Liebe Kollegin, lieber Kollege,

wir alle wissen, wie bedeutsam viel Bewegung für die körperliche und geistige Entwicklung von Grundschulkindern ist. Aber außerhalb des Sportunterrichts ist dafür oft nur wenig Raum vorhanden. Darum haben wir für diese Karteikartensammlung Spielideen zusammengetragen, die Sie meistens auch unter den engen räumlichen Bedingungen im Klassenraum durchführen können, die so gut wie keine Vorbereitung benötigen und für die auch keine schwierig zu besorgenden Materialien gebraucht werden – alles geht spontan, schnell und unkompliziert. Spielerisch, fröhlich und alltagstauglich. Aber deswegen nicht anspruchslos!
Die hier vorgeschlagenen Bewegungsspiele tragen nicht nur zur Kompensation von langem Stillsitzenmüssen bei, sondern fördern unterschiedlichste Aspekte der Motorik. Auf der nächsten Seite stellen wir Ihnen die fünf wichtigsten Förderbereiche dieser Spielesammlung genauer vor. Einen detaillierten Index aller mit den Spielen verknüpften Lernziele finden Sie am Ende des Buchs. Das ist ja das Besondere an unserer Spielauswahl: Es geht nicht um einseitige Tobespiele, sondern um Aktionen, bei denen Kopf und Bauch, Herz und Hand gefordert sind. Körper und Geist werden gefördert. Es geht um Wahrnehmung und sprachliches Verständnis, um Sich-Hineinfühlen und Sensibilität – und das alles mit viel Spaß und der einen oder anderen körperlichen Herausforderung. Mehrere Spiele können auch zu einer Spielkette kombiniert werden. Eine Planungshilfe dafür stellen wir Ihnen im Download-Material zur Verfügung (M 1).
Zwei weitere Besonderheiten kennzeichnen diese Spielesammlung: Sie können sie als Buch oder als Kartei nutzen. Die Kartenblätter sind perforiert und können – einzeln herausgetrennt – in den Unterricht mitgenommen werden. Außerdem haben wir auf jeder Spielkartei nach der Hauptspielregel Vorschläge für Differenzierungen und Varianten aufgeschrieben. Gerade bei körperbetonten Spielen sind einige Schüler im Vorteil und andere im Nachteil. Damit alle zu fairen Bedingungen mitspielen können, wurde jedes Spiel mit Ideen zur Vereinfachung, Abwandlung und Differenzierung ergänzt.

Bei der Formulierung der Spielregeln haben wir zugunsten der Lesefreundlichkeit nur die männliche Sprachform verwendet. Aber selbstverständlich sind immer alle Anwesenden gemeint und eingeladen, mit viel Freude und Energie mitzuspielen. Auch Sie, wenn Sie mögen.
Wir wünschen Ihnen und Ihren Schülerinnen und Schülern dabei viel Spaß und Erfolg!

Ulrich Baer und Marietheres Waschk, im Juni 2014

Spielanlässe und -ziele

Auflockerung: Kurze, schnelle Bewegungsspiele verschaffen der ganzen Klasse die oft nötige Abwechslung und Aufmunterung. Diese Spiele bringen den Kreislauf in Schwung und regen damit auch die Gehirnaktivität an. Durch den Spielspaß tragen sie zu einer munteren, motivierenden Stimmung in der Klasse bei.
Körperwahrnehmung: Da die meisten physischen Aktivitäten des Menschen automatisch und unbemerkt ablaufen, gehört es zur Entwicklung von Identität und Persönlichkeit, seinen Körper bewusst wahrzunehmen und eine Sensibilität für Bewegungen und Berührungen zu erlangen. Die Spiele mit diesem Schwerpunkt verstärken die Aufmerksamkeit für den eigenen Körper und den der Mitspieler.
Entspannung und Konzentration: Besonders lebhafte Spiele sollten mit ruhigen Bewegungsspielen ergänzt werden. Sie bringen nicht nur Abwechslung, sondern tragen auch zur Differenzierung des Bewegungsspektrums der Schüler bei.
Kooperation und Abenteuer: Bei diesem Schwerpunkt geht es um körperliche und geistige Abenteuer: Die Spielaufgaben müssen durch klug abgesprochene und geschickt ausgeführte Aktionen bewältigt werden – womit sie zu geistiger Aktivität und zum sozialen Lernen anregen.
Fitness: Bei diesen Spielen entdecken die Schüler, dass gymnastisch anspruchsvolle Bewegung auch viel Spaß machen kann. Diese sehr lebhaften und ab und zu anstrengenden Spiele bewirken keine systematische, sondern eine unspezifische körperliche Ertüchtigung und fördern die allgemeine Motivation zum Bewegen.

Clowns 1, 2, 3

Ziel
Auflockerung; Reaktionsvermögen trainieren; Kooperation fördern

Spieldauer
5–10 Minuten

Anzahl der Spieler
beliebig, in Gruppen von je 2 Spielern

Räumliche Bedingungen
keine

Vorbereitungsaufwand
keiner

Material
keines

Zum Spiel
Je zwei Spieler zählen gemeinsam ab und ersetzen die Zahlen durch Bewegungen.

Spielverlauf
Die Spieler bilden Paare. Diese stellen sich einander gegenüber auf, zirka einen Meter auseinander, mit den Gesichtern einander zugewandt. Nun zählen sie immer abwechselnd bis drei.
Der erste Spieler beginnt laut mit „Eins". Der zweite Spieler antwortet schnell mit „Zwei". Der erste Spieler sagt nun „Drei". Nun fängt der zweite Spieler wieder mit „Eins" an, der erste antwortet mit „Zwei" und der zweite wieder mit „Drei". Diesen Durchgang wiederholen die Paare einige Male.
Wenn dieser Rhythmus beiden Spielern klar ist, kann einer der beiden Spieler, derjenige, der gerade dran wäre, „Eins" zu rufen, stattdessen einfach eine Bewegung ausführen, zum Beispiel einmal kurz hochspringen. Der andere Mitspieler antwortet mit „Zwei", der erste wieder mit „Drei". Die Antwort darauf ist dann wieder hochzuspringen. Derjenige, dem eine weitere Bewegung einfällt, kann diese dann, wenn er dran wäre,

„Zwei" zu rufen, dort einführen. Er geht zum Beispiel runter in die Hocke.
Nun ist die Reihenfolge der beiden abwechselnd zählenden Spieler: hochspringen, in die Hocke gehen, „Drei" rufen. Fällt einem Mitspieler noch eine gute Bewegung ein, dann kann er sie statt „Drei" einführen. Er klatscht zum Beispiel zweimal in die Hände.

Das „Clowns 1, 2, 3" sieht dann wie folgt aus:
Spieler A: hochspringen
Spieler B: in die Hocke gehen
Spieler A: zweimal in die Hände klatschen
Spieler B: hochspringen
Spieler A: in die Hocke gehen
Spieler B: zweimal in die Hände klatschen
Spieler A: hochspringen
und so weiter.

Schön ist es, wenn die verschiedenen Paare sich anschließend kurz ihre unterschiedlichen Clown-Bewegungen gegenseitig präsentieren. Das macht Spaß beim Vormachen und auch beim Zuschauen und schafft eine gute Atmosphäre in der Gruppe.

Differenzierungen

Ein besonders einfacher Einstieg in dieses Spiel gelingt mit einer der folgenden drei Regelvarianten:

- Die Spieler legen den Zeitpunkt für das Einführen der Bewegungen nicht selbst fest, sondern die Bewegungen starten auf ein Signal der Spielleitung (Lehrer).
- Die Spieler denken sich nicht selbst Bewegungen aus, die die Zahlen ersetzen, sondern die Bewegungen werden für alle vorgegeben.
- Es werden für den Anfang entweder ganz einfache oder zu den Zahlwörtern passende Bewegungen vorgeschlagen: z. B. die der Zahl entsprechende Anzahl von Fingern hochstrecken oder statt einer „Eins" einmal mit dem Kopf nicken usw.

Geübte Spielgruppen können auch das Abzählen verlängern, zum Beispiel bis „Fünf" oder „Sieben". Sie lassen sich dann im Abzählverlauf mehr Bewegungen einfallen. Wichtig ist dabei nur, dass eine ungerade Zahl gewählt wird, denn gerade der Wechsel der Bewegungen von Mitspieler zu Mitspieler macht den Reiz dieses Spieles aus.

Riese und Zwerg

Ziel
Auflockerung; Bewegungswechsel; Feinmotorik fördern

Spieldauer
5–15 Minuten

Anzahl der Spieler
beliebig

Räumliche Bedingungen
jeweils eine Armlänge Abstand voneinander

Vorbereitungsaufwand
keiner

Material
keines

Zum Spiel

In diesem Spiel werden pantomimisch die Tagesabläufe eines Riesen und eines Zwergs nachgespielt. Die Schüler machen erst große, grobe Bewegungen und wiederholen diese dann klein und fein.

Spielverlauf

In diesem Spiel erzählt der Spielleiter die Geschichte eines Riesen und eines Zwergs. Passende Bewegungen zu den Dingen, die die beiden im Tagesverlauf erleben, werden von den Schülern beim Riesen in sehr große und beim Zwerg in sehr kleine Bewegungen umgesetzt.

„In einem Wald steht ein großes Haus *(dabei mit den Händen ein großes Haus in die Luft zeichnen)*, in dem ein Riese wohnt. Gleich daneben steht ein kleines Häuschen *(hier nur mit den Zeigefingern ein kleines Haus in die Luft zeichnen)* – hier wohnt der Zwerg. Eines schönen Morgens, die Sonne geht auf, erwacht der Riese. Er reckt und streckt sich *(alle recken und strecken sich sehr weit)*, geht zu seinem Fenster *(große Marschierbewegungen machen)* und öffnet die Fensterläden *(riesige Läden pantomimisch öffnen)*.

Nebenan erwacht auch der Zwerg. Er reckt und streckt sich *(kleine Streckübungen)*, geht zu seinem Fenster *(kleine Trippelschritte auf der Stelle machen)* und öffnet die Fensterläden *(kleine Fensterläden öffnen)*.
Der Riese geht *(marschieren)* zu seinem Badezimmer, öffnet die Tür *(riesige Tür öffnen)* und lässt Wasser in das Waschbecken laufen *(einen großen Wasserhahn aufschrauben)*.
Der Zwerg geht *(Trippelschritte)* zu seinem Badezimmer, öffnet die Tür *(kleine Tür öffnen)* und lässt Wasser in das Waschbecken laufen *(kleinste Schraubbewegungen)*.
Der Riese nimmt seinen Waschlappen *(pantomimisch ein Tuch, so groß wie ein Laken, nehmen)*, taucht ihn ins Wasser *(mit großen Bewegungen beugen)* und wringt ihn aus *(großes Wringen)*.
Der Zwerg nimmt seinen Waschlappen *(ein Tüchlein, groß wie eine Briefmarke, nehmen)*, taucht ihn ins Wasser *(kleines Dippen)* und wringt ihn aus *(mit den Fingerspitzen wringen)*.
Der Riese wäscht sein Gesicht *(Kreisbewegungen mit der Hand um den ganzen Kopf herum)*, wäscht seine Arme und seinen großen, großen Bauch *(Kreisbewegungen vor dem gesamten Rumpf)*.
Der Zwerg wäscht sein Gesicht, seine Arme und sein Bäuchlein *(kleine, kreisende Fingerbewegungen)*.
Dann nimmt der Riese seine Zahnbürste …" usw.

Danach können Riese und Zwerg frühstücken, zur Arbeit gehen oder in den Urlaub fahren.

Varianten

Statt des Spielleiters erzählen die Schüler reihum Abschnitte der Geschichte.
Die Geschichte kann auch als Tagesritual eingesetzt werden und von Tag zu Tag entweder von anderen Kindern erzählt werden oder kleine Ergänzungen erfahren.
Bei einer Wiederholung der Geschichte können auch einzelne Bewegungsabläufe ausgelassen werden, die die Schüler bemerken sollen.

Tipp

Die Tätigkeiten des Riesen mit tiefer, die des Zwergs mit hoher Stimme sprechen. Da der Riese zu großen und wilden Bewegungen einlädt, sollte das Spiel immer mit dem Zwerg beendet werden. Auf diese Weise werden Ruhe und Konzentration in die Gruppe gebracht.

Fingerduell

Ziel
Auflockerung; feinmotorische Geschicklichkeit fördern

Spieldauer
je Duell 5 Minuten

Anzahl der Spieler
beliebig, in Gruppen von je 2 Spielern

Räumliche Bedingungen
keine

Vorbereitungsaufwand
keiner

Material
keines

Zum Spiel
Die Spieler duellieren sich paarweise. Auf engem Raum sind die Duellwaffen ihre Finger.

Spielverlauf
Zwei Schüler bilden immer ein Duellpaar. Sie stehen sich gegenüber und zeigen mit Daumen und Zeigefinger auf den Gegner, die anderen drei Finger zeigen jeweils zu ihnen selbst. Die Zeigefinger werden nun zu Fechtklingen. Die Schüler begeben sich in die Ausgangsposition, d. h., sie legen ihre Zeigefinger aneinander und überkreuzen diese.
Auf ein gemeinsames Signal, was z. B. „En garde!“ sein kann, beginnt das Duell. Die beiden Spieler versuchen, mit dem Zeigefinger am Rumpf oder an den Oberarmen des Gegners einen Treffer zu landen, indem der Körper des Gegners eindeutig angetippt wird.
Wurde ein Treffer erzielt oder ein Angriff erfolgreich abgewehrt, gehen die Gegner wieder in die Ausgangsposition und beginnen nach dem Startsignal erneut. Ziel ist es, den Gegner fünfmal anzutippen.
Wichtig ist, dass vorher ganz klar angesagt wird, dass das Gesicht und auch alle Körperteile unterhalb der

Gürtellinie tabu sind und Treffer dort nicht platziert werden dürfen.

Variante 1

Anstatt nur die Zeigefinger zu benutzen, werden die drei Finger, die zum Spieler selbst zeigen, mit denen des Gegners verschlossen. So nimmt man etwas Tempo aus dem Spiel.

Variante 2

Anstatt den Finger als Degen zu nutzen, kann auch ein Ringkampf mit dem Daumen veranstaltet werden. Zwei Spieler halten sich an den abgewinkelten Fingern der rechten Hand, strecken ihre Daumen nach oben und überkreuzen sie drei Mal. Beim dritten Mal versuchen sie, den Daumen des Gegners mithilfe des eigenen Daumens auf die Faust zu drücken (wie beim Fingerhakeln oder bayrischen Armdrücken).

Variante 3

In dieser Variante des Daumenringkampfs spielen die beiden Spieler mit beiden Händen. Sie geben sich die Hände über Kreuz, sodass gleichzeitig mit dem rechten und mit dem linken Daumen gerungen wird.

Variante 4

Nun spielen alle mit beim Daumenringkampf. Die Spieler bilden einen Kreis. Jeder zweite überkreuzt seine Arme, damit immer eine rechte Hand auf eine linke Hand trifft.

Differenzierung

Es werden Dreiergruppen gebildet mit jeweils den Spielern A, B und C. Gespielt werden drei Duell-Durchgänge. Beim ersten Durchgang bilden A und B das Duell-Paar und C übernimmt die Schiedsrichterrolle. Dann duellieren sich A und C mit B als Schiedsrichter. Schließlich sind C und B das Duell-Paar und A wird Schiedsrichter.
Diese Rollenwechsel relativieren die Wettkampfstruktur des Spiels.

Klatschkanon

Ziel
im Rhythmus gemeinsam mit Freude agieren

Spieldauer
5 Minuten

Anzahl der Spieler
beliebig

Räumliche Bedingungen
ausreichend großer Raum, sodass jeder Spieler Platz für einen Stuhl findet

Vorbereitungsaufwand
keiner

Material
1 Stuhl pro Schüler

Zum Spiel
Dies ist ein kurzes, rhythmisches Spiel, das den Gemeinschaftssinn fördert, auch unmusikalischen Schülern Freude bereitet und für neue Energien sorgt. Es eignet sich auch gut für kleine Aufführungen, in denen die Schüler die Zuschauer animieren können, direkt mitzumachen.

Spielverlauf
Zu Beginn macht der Spielleiter die Bewegungen des Kanons vor und gibt den Schülern anschließend ausreichend Zeit zum Üben:

- **im Sitzen im gleichen Rhythmus:**
  1. viermal in die Hände klatschen;
  2. viermal mit den flachen Händen auf die Oberschenkel klatschen;
  3. viermal mit dem Fuß aufstampfen;
- **schnell aufstehen:**
  viermal lachend „ha“ rufen;
- **schnell wieder hinsetzen und rhythmisch von vorn beginnen.**

Wird dieser Grundrhythmus beherrscht, kann das Tempo erhöht werden.

Variante 1

Wenn dieses Grundspiel gut klappt, kann man die Gruppe in vier Kleingruppen einteilen, um wirklich einen Kanon zu gestalten. Zuerst starten alle gemeinsam im oben beschriebenen Rhythmus. Danach beginnt nur die erste Kleingruppe mit dem Klatschen. Sobald diese Spieler beginnen, auf ihre Oberschenkel zu klatschen, erhält die zweite Kleingruppe ihren Einsatz und startet mit dem Händeklatschen.
Wenn die erste Kleingruppe stampft und die zweite auf den Oberschenkeln klatscht, erhält die dritte ihren Einsatz und startet mit dem Klatschen in die Hände. Zum Schluss setzt die vierte Kleingruppe ein.
Nach einigen Durchgängen beendet der Spielleiter den Kanon.

Variante 2

Wenn die Gruppe auch den in der Variante 1 beschriebenen Kanon beherrscht, kann man das Spiel in der Weise abwandeln, dass die Schüler in der Gruppe immer von „1" bis „4" durchzählen, sodass die Mitglieder der einsetzenden Kleingruppen nicht nebeneinandersitzen. Der Schwierigkeitsgrad wird so erhöht.

Tipp

Der Spielleiter kann am Anfang beim Klatschen und Stampfen den Takt erst laut mitzählen. Wenn die Kleingruppen in den Kanon starten, ist es hilfreich, wenn der Spielleiter wie ein Dirigent agiert und die Einsätze gibt. Wichtig ist auch, ein eindeutiges Ende des Kanons zu setzen.

Plätze würfeln

Ziel
Reaktionsschnelligkeit trainieren

Spieldauer
5–10 Minuten

Anzahl der Spieler
beliebig

Räumliche Bedingungen
etwas Platz rund um den eigenen Stuhl

Vorbereitungsaufwand
keiner

Material
großer Würfel, einfaches Kartenspiel oder Säckchen mit Gegenständen in 4–6 unterschiedlichen Farben

Zum Spiel
Eine Bewegung wird durch Würfeln, Karten oder Gegenstände ziehen ausgewählt und sofort ausgeführt.

Spielverlauf
In diesem Spiel bestimmt der Zufall, welche Bewegungen gemacht werden. Ein großer Schaumstoffwürfel ist der Bote des Zufalls. Unterschiedliche Bewegungen, die nicht viel Platz erfordern, werden den Zahlen des Würfels zugeordnet.

Diese könnten sein:
1 = einmal den Stuhl umrunden;
2 = auf den Stuhl stellen;
3 = zu zweit auf einen Stuhl setzen;
4 = unter den Tisch kriechen;
5 = sich hinter den Stuhl stellen;
6 = sich verkehrt herum auf den Stuhl setzen.

Oder aber auch:
1 = den Stuhl einmal anheben;
2 = links um den Stuhl herumlaufen;
3 = rechts um den Stuhl herumlaufen;

4 = rückwärts den Stuhl umrunden;
5 = mit der linken Fußsohle den Stuhl berühren, dann mit der rechten, dann wieder mit der linken und wieder mit der rechten (Pferdchensprung);
6 = den Stuhl mit seinem Nachbarn tauschen.

Der erste Spieler würfelt. Sobald der Würfel eine Zahl anzeigt, wird die Bewegung direkt von allen Spielern ausgeführt. Dann darf der nächste Spieler würfeln.

Variante 1

Sitzt die Gruppe nicht im Kreis, würfelt der erste Spieler an seinem Platz und ruft die Zahl dann laut. Die Bewegung wird von allen direkt ausgeführt. Der Startspieler gibt den Würfel seinem Nachbarn weiter.

Variante 2

Während des Spiels empfiehlt es sich, wenn einige Spieler schon aus der Puste sind, eine kurze Pause zu machen. Diese sollte der Spielleiter nutzen, um bei der Gruppe nachzufragen, welche Bewegungen nicht gut angekommen sind, und die betreffenden Zahlen des Würfels dann mit neuen Bewegungen versehen.

Variante 3

Anstelle eines Würfels kann der Spielleiter ein einfaches Kartenspiel oder die Figuren eines Mensch-ärgere-Dich-nicht-Spiels in einem Säckchen verwenden. Dann gibt es nur vier unterschiedliche Bewegungsformen, je nach Farbe der Spielkarte oder -figur.

Die Bewegungen können mit den Mitspielern verbunden werden, zum Beispiel:

- roter Spielstein oder „Herz" beim Kartenblatt = dem Nachbarn die Hand schütteln;
- grüner Spielstein oder „Kreuz" beim Kartenblatt = sich dem Nachbarn zuwenden, voreinander hochhüpfen und in der Luft die Handflächen gegenseitig abklatschen;
- blauer Spielstein oder „Pik" beim Kartenblatt = sich Rücken an Rücken mit den Nachbarn stellen und als Paar dreimal um die eigene Längsachse drehen;
- gelber Spielstein oder „Karo" beim Kartenblatt = sich dem Partner zuwenden und versuchen, erst mit den rechten Füßen eine Bewegung wie das Händeschütteln zu machen, dann mit den linken.

Das Spiel endet, wenn der Kartenstapel durchgespielt oder das Säckchen mit den Spielsteinen leer ist.

Tipp

Als Merkhilfe kann man die Zahlen oder Farben mit den jeweiligen Bewegungen auch auf der Tafel sichtbar notieren oder als Piktogramm aufmalen.

Pferderennen

Ziel
Reaktionsschnelligkeit, Auflockerung und Konzentration fördern

Spieldauer
10 Minuten

Anzahl der Spieler
beliebig

Räumliche Bedingungen
so viel Platz, dass sich die Gruppe möglichst im Kreis hinsetzen kann

Vorbereitungsaufwand
keiner

Material
keines

Zum Spiel
In der folgenden Spielgeschichte sind die Hände wichtig: Die Schüler klatschen in die Hände, stellen mit ihnen unterschiedlichste Bewegungen dar oder ahmen Bewegungen nach. Wer schafft es, dabei keinen Fehler zu machen?

Spielverlauf
Der Spielleiter gibt eine Geschichte auf einer Pferderennbahn vor, die alle Spieler gleichzeitig – und das blitzschnell – mitmachen müssen.
Das Pferdegetrappel wird durch Klopfen mit der flachen Hand auf den Oberschenkeln oder dem Tisch dargestellt.
Auf der Pferderennbahn gibt es für die Pferde verschiedene Hindernisse, die von den Spielern jeweils nach Ansage des Spielleiters bewältigt werden müssen.
Als einfachstes Hindernis gibt es den „Oxer". Hierfür unterbrechen die Spieler das Pferdegetrappel und machen mit beiden Händen eine Bewegung im Bogen nach vorn. Diese kann mit dem Laut „Uh!" begleitet werden.
Das zweite Hindernis ist der „Doppeloxer", bei dem die Bewegung des Oxers zweimal unmittelbar nach-

einander gemacht wird, begleitet von einem kräftigen „Uh, uh!“.
Anschließend wird weiter getrappelt. Sagt der Spielleiter dabei „Linkskurve“ oder „Rechtskurve“, müssen die Spieler während des weiterlaufenden Rennens den Oberkörper nach links oder nach rechts beugen.
Das nächste Hindernis ist die „Mauer“. Hier stehen die Spieler kurz auf, recken die Arme mit einem immer höher werdenden „Uih“ nach oben und machen beim Setzen ein wieder tiefer werdendes „Uih“.
Ein weiteres Hindernis ist der „Graben“, bei dem die Hände eine Halbkreisbewegung nach unten machen, begleitet von einem dunklen „Wusch“.
Wird ein „Wassergraben“ angesagt, machen die Spieler eine kleine Hüpfbewegung mit den Händen, begleitet von einem „Hopp“. Dann nehmen sie eine Hand an ihre Unterlippe und streichen diese mit den Fingern immer wieder schnell nach unten, sodass ein lustiges Blubbergeräusch entsteht.
Gegen Ende des Rennens werden die Pferde noch einmal schneller, das Pferdegetrappel-Geräusch ebenfalls. Im Ziel angekommen, reißen alle Spieler jubelnd die Arme hoch.

Tipp

Der Spielleiter sagt die Kommandos schnell und mitreißend an, wie ein Sportreporter. Besonders viel Spaß macht dieses Spiel in einem engen Stuhlkreis, da dann die Lage in den Kurven der ganzen Gruppe Freude bereitet.

Differenzierung

Wer schafft es, sich nicht an den Händen des Spielleiters zu orientieren, sondern die Augen zu schließen und nur auf die angesagten Bewegungen zu reagieren?

Sportreportage

Ziel
Auflockerung; Reaktionsschnelligkeit und Ausdrucksfähigkeit fördern

Spieldauer
10 Minuten

Anzahl der Spieler
beliebig

Räumliche Bedingungen
keine

Vorbereitungsaufwand
gering

Material
keines

Zum Spiel
Der Spielleiter erzählt eine Geschichte von den Olympischen Spielen. Die Mitspieler machen die genannten Sportarten und auch die Reaktionen des Publikums pantomimisch nach.

Spielverlauf
Der Spielleiter wird zum Sportreporter, der sich live bei den Olympischen Spielen befindet.
„Sehr geehrte Damen und Herren, wir befinden uns live im Stadion, wo in diesem Jahr die Olympischen Spiele stattfinden! Und welche altbekannten und auch neuen Sportarten in diesem Jahr die Olympischen Spiele bereichern! Aber sehen Sie erst den Einmarsch der Athleten *(Mitspieler marschieren am Platz)*, sie winken in das Publikum *(winken nach links und rechts)* und gehen stolz und aufrecht die Bahn entlang. Das Publikum jubelt begeistert *(begeistert jubeln)*.
Doch nun startet auch schon der erste Wettkampf: der 110-Meter-Hürdenlauf. Die Läufer gehen an ihren Platz *(langsam gehen)*. Der Schiedsrichter hebt die Startpistole *(den Zeigefinger nach oben recken)* und: „Auf die Plätze, fertig …“ *(gemeinsam „Peng!“ rufen)*.

Die Läufer starten schnell *(auf der Stelle laufen)* und da kommt die erste Hürde *(springen)*! Prima! Alle Sportler laufen schnell weiter *(auf der Stelle laufen)*. Und nun kommt die zweite Hürde *(springen)*. Schon wieder sind alle Läufer schnell über die Hürde gekommen und laufen weiter *(auf der Stelle laufen)*. Und sie beschleunigen noch einmal *(schneller auf der Stelle laufen)*, bis sie die letzte Hürde erreichen *(springen)*. Alle Sportler sind gleich auf, geben noch einmal Vollgas *(sehr schnell auf der Stelle laufen)* und laufen über die Ziellinie!

Wahnsinn, so was gab es noch nie! Nur erste Plätze! Die Athleten freuen sich, recken die Arme in die Höhe *(Arme strecken)* und gratulieren sich gegenseitig zu dieser unglaublichen Leistung *(Hände schütteln, Schulter klopfen)*. Die Zuschauermenge winkt ihren Athleten begeistert zu *(winken)*.

Da gehen schon die nächsten Sportler an den Start *(langsam gehen)*, es sind die Kugelstoßer! Ein Athlet reibt sich die Hände ein *(Hände reiben)* und nimmt die schwere Kugel auf *(schwere Kugel hochheben)*. Der Sportler legt die Kugel an den Hals und stößt *(Kugel stoßen)*. Oh nein, das waren aber nur wenige Meter, der Sportler ärgert sich und ist wütend *(ärgern, Fuß aufstampfen)*.

Und nun, sehr geehrte Damen und Herren, schalten wir live in die Halle zum Boxen …"

Differenzierungen

Verwenden Sie in den Klassen 1 und 2 am besten nur sehr bekannte Sportarten. In den Klassen 3 und 4 können Sie viele Sportarten aneinanderreihen und in den Klassen 5 und 6 auch Sportarten nehmen, in denen die Mitspieler neue Fantasiebewegungen einbauen können (z. B.: Figuren wie die „doppelte Tulpe" beim Synchronschwimmen oder den „einfachen Wackler" beim Kunstturnen).

Mögliche Sportarten, die nun alle olympisch sein können:

Rudern, Schwimmen, Tauziehen, Turnen, Boxen, Karate, Gewichtheben, Speerwerfen, Hula-Hoop, Fußball, Basketball, Radfahren, Gehen, Hockey, Fechten, Tennis, Tischtennis …

Und natürlich sollte am Ende immer eine wunderbare Siegerehrung aller Sportler stehen.

Variante

Die Mitspieler dürfen die Bewegung erst machen, wenn ein „Los!" ertönt. Angesagte Sportarten ohne „Los!" dürfen also nicht pantomimisch dargestellt werden.

Über Stock und Stein

Ziel
Konzentration und Darstellungsvermögen fördern; Körpererfahrung trainieren

Spieldauer
10–15 Minuten

Anzahl der Spieler
beliebig

Räumliche Bedingungen
Klassenraum: Tische und Stühle zur Seite räumen

Vorbereitungsaufwand
gering

Material
keines

Zum Spiel
Die Spieler schlüpfen in unterschiedliche Rollen und bewegen sich so, wie die jeweiligen Personen es tun würden. Anschließend stellen sie sich unterschiedliche Untergründe vor und zeigen, wie sich die imaginierten Personen darauf bewegen würden.

Spielverlauf
Die Schüler bewegen sich locker durch den Raum, gehen langsam und aufmerksam beobachtend. Der Spielleiter beschreibt, wo sich die Spieler gerade befinden, zum Beispiel auf dem Marktplatz oder in einer belebten Einkaufsstraße, in einem Park oder auf einem Spazierweg, dort, wo sich viele Menschen treffen können.
Je nachdem, welchen Ort der Spielleiter vorgibt, begegnen sich dort ganz unterschiedliche Menschen. Auf dem Marktplatz können sich wichtige Geschäftsleute oder Ratsherren treffen, im Einkaufszentrum Personen, die noch hektisch einen schnellen Einkauf machen. Im Park laufen sich Kindergartenkinder, aber auch Jugendliche, über den Weg. Auf dem Spazierweg begegnen sich vielleicht ältere Menschen, die in Ruhe ein Schwätzchen miteinander machen …

Nun bewegen sich die Spieler immer in der Rolle, die der Spielleiter ansagt: z. B. langsam und gebeugt als ältere Menschen oder aufrecht und steif als Ratsherren und Geschäftsleute. Als Käufer huschen sie schnell und hektisch durch den Laden in der Einkaufsstraße. Als Jugendlicher kann man betont lässig schlendern – oder vielleicht auch einen Basketball dribbeln, einen Fußball vor sich her kicken …

Treffen zwei Spieler aufeinander, begrüßen sie sich in der Art und Weise, wie die Rolle es verlangt: Jugendliche sagen kurz und cool: „Hi" zueinander, die Käufer grüßen sich in der Hektik nur kurz. Mehr Zeit für eine ausgiebige Begrüßung haben bestimmt die älteren Menschen, die auf ihrem Spaziergang umherschlendern.

Mögliche Orte für Begrüßungen:

- eine Schule, in der sich Schulkinder treffen;
- ein Fußballfeld, auf dem sich die Spieler aufwärmen; anschließend wünschen sich die Spieler der beiden Mannschaften gegenseitig Glück;
- ein im Bau befindliches Haus, an dem die Bauarbeiter werkeln und sich dann gemeinsam zur Pause begrüßen;
- ein Schiff, dessen Deck Matrosen schrubben und sich anschließend – eine Hand an die Schläfe gelegt und laut „Aye, aye" rufend – grüßen;
- ein Boxring, in dem sich die Boxer gegenübertreten und die Fäuste abklopfen;
- ein Ort irgendwo im All, an dem sich Raumfahrer mit dem „intergalaktischen Gruß" begrüßen, indem sie die rechte Hand heben und die Finger zwischen Mittelfinger und Ringfinger auseinanderspreizen.

Vielleicht erfinden die Schüler auch eigene Begrüßungen, zum Beispiel von Tieren oder Außerirdischen.

Varianten

Neben dem Bewegen wie eine andere Person kann man als Spielleiter auch die Vorgabe machen, dass sich die Spieler unterschiedliche Untergründe vorstellen und darstellen, wie sie sich auf diesen bewegen.

Beispiele dafür wären:

- einen Berg besteigen;
- durch heißen Sand laufen;
- auf morastigem Untergrund gehen;
- auf einem Hüpfkissen springen.

Wer ist hier der Boss?

Ziel
Reaktionsvermögen und Wahrnehmung fördern

Spieldauer
10–20 Minuten

Anzahl der Spieler
beliebig

Räumliche Bedingungen
Klassenraum

Vorbereitungsaufwand
keiner

Material
keines

Zum Spiel
Ein Ratespiel, in dem erkannt werden muss, wer in der Gruppe die Bewegungen vorgibt.

Spielverlauf
Ein Freiwilliger wird ausgewählt, er verlässt den Raum. Die anderen Spieler bestimmen ein Mitglied ihrer Gruppe als „Boss". Dieser Boss gibt kleine Bewegungen vor, die die Gruppe sofort aufnimmt und mitmacht. Wichtig dabei ist, dass alle Mitspieler der Gruppe sich gegenseitig gut sehen können.
Der Boss beginnt mit der ersten Bewegung, z. B. „Winken", die ganze Gruppe macht mit und kopiert diese Bewegung.
Der Spieler, der vor der Tür gewartet hat, wird nun hineingerufen. Seine Aufgabe ist es, zu erraten, wer der Boss der Gruppe ist.
Nun ist gutes Timing gefragt. Der Boss wechselt nach einiger Zeit die Bewegung. Vom Winken kann er zum Beispiel in das Beugen und Strecken der Arme wechseln. Die Gruppe muss natürlich versuchen, den Boss nur heimlich zu beobachten, um es dem ratenden Spieler nicht zu einfach zu machen. Der Boss sollte immer

nur dann die Bewegungen wechseln, wenn der ratende Mitspieler gerade einen anderen Spieler beobachtet. Hat der ratende Spieler den Boss enttarnt, startet eine weitere Runde: Ein anderer Spieler geht vor die Tür und versucht sich als Ratender.

Tipps

- Wichtig ist, dass der Boss keine sehr großen Bewegungswechsel macht, um sich nicht zu verraten.
- Auch sollten die Bewegungen nahezu lautlos sein, denn ein akustisches Signal wie ein Händeklatschen könnte schon einen Hinweis auf ihn geben.
- Auch sollte der Boss einfach nachzumachende Bewegungen wählen, die die Gruppe blitzschnell umsetzen kann.
- Die Gruppe kann vorher festlegen, wie viel Rateversuche der Ratende äußern darf. Wenn zum Beispiel drei Versuche angesetzt sind und der ratende Spieler beim dritten Versuch noch nicht erkannt hat, wer der Boss ist, wird dies für ihn aufgelöst.
- Besonders gut lässt sich dieses Spiel im Kreis spielen, da so das Beobachten allen wesentlich einfacher fällt.
- Es lässt sich einfacher herausfinden, wer der Boss ist, wenn statt einem Freiwilligen ein Paar oder sogar eine Dreiergruppe das Rateteam bildet.

Differenzierungen

Für die Klassen 1 und 2 ist es hilfreich, wenn die Schüler ein bestimmtes Setting vorgegeben bekommen, in dem die Bewegungen klar sind. Hier kann man zum Beispiel das Setting eines Orchesters wählen: Der Boss macht dann pantomimisch das Spielen unterschiedlicher Instrumente vor.

Mögliche Instrumente sind:
Klavier, Flöte, Posaune, Mundharmonika, Trompete, Pauke, Geige, Harfe und alles Weitere, was dem Boss einfällt.

Varianten

Weitere Settings könnten sein:

- ein Fitness-Trainer mit Gymnastikgruppe;
- ein Erdkundelehrer erklärt ein Tafelbild, das die Schüler abzeichnen sollen;
- ein Werkstattleiter beim Winterreifenwechsel;
- ein Brandmeister beim Einsatz der Feuerwehrmannschaft;
- ein Oberkellner trainiert Hotelfachschüler;
- ein Tanzlehrer erklärt den Tanzschülern Schrittfolgen für einen neuen Tanz.

Aufstand

Ziel
Körperkräfte einfühlsam einsetzen; Aktivierung, Kooperation und Balance üben

Spieldauer
10 Minuten

Anzahl der Spieler
beliebig, in Gruppen von je 2 Spielern

Räumliche Bedingungen
Klassenraum

Vorbereitungsaufwand
keiner; für Intensivierung: gering

Material
keines; für die Intensivierung: Zettel mit den Namen der einzelnen Spieler

Zum Spiel
Die Paare stellen sich Rücken an Rücken, setzen sich und stehen ohne Handnutzung zusammen wieder auf.

Spielverlauf
Die Spieler stellen sich paarweise, mit dem Rücken zueinander, auf und haken ihre Arme unter. In dieser Haltung setzen sich beide gleichzeitig. Sie lösen ihre Arme nicht und versuchen, allein durch das Drücken mit dem Rücken gegen den Rücken des Partners, zusammen aufzustehen.

Tipp
Die Paare sollten sich beim Hinsetzen nicht einfach schnell herunterplumpsen lassen, sondern sich gleichzeitig hinunter bewegen, indem sie langsam kleinste Schritte nach vorn machen.
Je langsamer das Hinsetzen und Aufstehen zu zweit geschieht, desto besser spürt jeder im Paar die Körperbewegungen des jeweils Anderen und kann sich darauf einstellen.

Differenzierungen

Einfacher wird dieses Spiel, wenn man nicht die Arme unterhakt, sondern sich zum Aufstehen auch mit den Händen abstützen kann. Das nimmt dem Spiel aber einen Teil der Förderung der Zusammenarbeit. Diese Form ist jedoch als Vorübung gut geeignet.

Schwieriger wird dieses Spiel (und erfordert zugleich etwas mehr Platz), wenn die Arme nicht untergehakt, sondern seitlich ausgestreckt werden, nur durch Handhalten verbunden sind und beim Hinsetzen und Aufstehen auch so waagerecht gehalten werden.

Auch schwieriger und zugleich intensiver wird das Spiel, wenn mit geschlossenen Augen gespielt wird. Die Augen zuzulassen, erfordert etwas Mut. Sie sollten aber nicht mit einem Tuch verbunden werden, damit die Spieler sie jederzeit wieder aufmachen können, falls beispielsweise jemand das Gleichgewicht zu verlieren droht.

Richtig schwierig wird dieses Spiel, wenn es nicht Paare, sondern fest untergehakte Dreier- oder Fünfergruppen spielen. Eine gerade Anzahl von Spielern (z. B. 4, 6 oder 8 Spieler) ist wiederum nicht ganz so schwierig, weil die Spieler sich dabei paarweise Rücken an Rücken stellen.

Intensivierung

Die Förderaspekte des Spiels können mit folgender Spielfortsetzung intensiviert werden: Durch das Ziehen von Namenszetteln werden zufällige neue Paare gebildet, die in dieser Kombination „Aufstand" spielen. Anschließend werden Eindrücke dazu gesammelt, welche Unterschiede die Spieler bei den verschiedenen Paarkombinationen feststellen konnten und woran die unterschiedlichen Eindrücke lagen.

Variante „Kartoffelsäcke wiegen"

Halbwegs gleich kräftige Spielerpaare stehen Rücken an Rücken und haken ihre Arme unter. Einer hebt den Partner vom Boden ab, indem er sich stark nach vorn beugt, bis der Partner fast waagerecht auf seinem Rücken liegt. Dann schwenkt er ihn vorsichtig hin und her. Anschließend werden die Rollen gewechselt.
Bei dieser Variante müssen die Paare vertrauens- und verantwortungsvoll miteinander umgehen. Wenn der hochgehobene Partner anfängt, sich unwohl zu fühlen, muss er es sagen, und der hebende Partner soll ihn dann sofort langsam wieder absenken.
Wichtig: Besonders bei Paaren, die aus zwei Jungen bestehen, sollte darauf geachtet werden, dass sie diese Variante nicht als Mutprobe oder zum Kräftemessen nutzen.

Weitergeben

Ziel
grobmotorische Geschicklichkeit fördern; Spaß an Bewegung und Kooperation haben

Spieldauer
10 Minuten

Anzahl der Spieler
beliebig

Räumliche Bedingungen
genügend Platz, um in Reihen auf Stühlen / auf dem Boden, im Kreis sitzen zu können

Vorbereitungsaufwand
keiner

Material
Softball / Schaumstoffball, Tennisball, aufgeblasener Luftballon, eventuell: kleiner, leerer Pappkarton

Zum Spiel
Bei diesem Spiel geht es darum, Gegenstände von Schoß zu Schoß oder mit den Füßen weiterzureichen.

Spielverlauf
Alle Spieler sitzen auf Stühlen oder auf dem Boden, möglichst eng aneinander in einem geschlossenen Kreis oder in möglichst langen Reihen nebeneinander. Alle legen die Arme nach hinten oder über die Schultern der Nachbarn. Die kleinste oder jüngste Person in der Gruppe legt sich einen Schaumstoffball auf den Schoß, der nun möglichst schnell im Kreis von Schoß zu Schoß weitergeschubst werden soll – aber ohne dabei mit den Händen berührt zu werden.

Tipp
Ab und an rollt der Ball weg und muss dann von dem Spieler, dem er weggerollt ist, wiedergeholt und sich neu in den Schoß gelegt werden.
Wenn Gruppen bei solchen Spielunterbrechungen zu ungeduldig werden, kann man auch einen Schüler als Helfer abordnen, der weggerollte Bälle holt und wieder auf den Schoß zurück legt.

Differenzierungen

Je kleiner der Ball ist, umso schwieriger ist das Spiel. Besonders anspruchsvoll wird es, wenn der weiter zu transportierende Gegenstand nicht rollt, z. B. bei einer eckigen Schachtel.

Aber auch ein leichter Luftballon ist schwierig zu transportieren, weil er leicht davonschwebt. Beim Weiterschubsen eines Luftballons sollte darum die Regel gelten, dass er keinen Spieler überspringen darf, sondern auf jedem Schoß gewesen sein muss.

Durch elektrostatische Aufladung an der Kleidung einzelner Spieler kann der Luftballon bei Einzelnen haften bleiben – dann wird das Weiterschubsen besonders mühsam und zur Geduldsprobe.

Varianten

- Es kann auch ein Wettrennen von zwei Bällen oder ähnlichen Gegenständen ausgetragen werden. Dazu starten die Bälle im Kreis diagonal gegenüber. Ein Spieldurchgang ist dann beendet, wenn ein Ball den anderen eingeholt hat. Das kann allerdings bei geschickten Gruppen manchmal viele Runden lang dauern.
- In Gruppen, denen der recht enge Körperkontakt beim Weitergeben von Schoß zu Schoß unangenehm ist, können die Gegenstände auch nur mit den Füßen weitergegeben werden.
- Eine Spielvariante kann auch darin bestehen, dass ein weggerollter Ball immer wieder beim Startspieler neu beginnen muss.

Luftmalerei

Ziel
Konzentration, Wahrnehmung, Ausdrucksfähigkeit, Kreativität, Feinmotorik fördern

Spieldauer
10–20 Minuten

Anzahl der Spieler
beliebig

Räumliche Bedingungen
Klassenraum

Vorbereitungsaufwand
gering (Wortkarten anfertigen und bereitlegen)

Material
Karten mit Begriffen oder Abbildungen

Zum Spiel
Ein Spieler malt Begriffe in die Luft, die erraten werden sollen.

Spielverlauf
Ähnlich wie beim Spiel „Montagsmaler" werden Kärtchen mit Begriffen gezogen oder verteilt und dann wird der jeweilige Begriff in die Luft gemalt, je nach Vereinbarung mit einer Hand oder mit beiden Händen.
Nachdem alle Begriffekärtchen verteilt sind, gruppiert sich die Klasse in Spielerpaare: Einer in jedem Paar malt einen Begriff, der andere rät. Danach wird gewechselt. Hat der Ratende den Begriff erkannt, erhält er das Kärtchen. Ist ein Spielpaar schnell fertig, kann es sich beim Lehrer weitere Begriffekärtchen holen.

Tipp
Bei der Auswahl der Begriffe, die man auf Kärtchen schreibt, ist darauf zu achten, nur Dinge zu vermerken, die gut an ihrem Umriss erkennbar sind.
Vorbereitete Begriffekärtchen finden Sie im Download-Material.

Differenzierungen

Das Malen wird erschwert, wenn:

- nur der Umriss des zu ratenden Begriffs gemalt werden darf oder
- nur mit einer Hand gemalt werden darf oder
- mit der Fußspitze gemalt werden soll.

Das Malen kann erleichtert werden, wenn sich immer zwei Schüler zusammen beraten können, wie man den gezogenen Begriff am besten malen könnte.

Das Raten wird erleichtert, wenn Spielpaare oder Kleingruppen gemeinsam raten, während die Luftmaler immer einzelne Spieler sind. Dabei malen alle Ratenden mit, indem sie die Luftmalerei spiegelbildlich kopieren, und erst dann darf die Lösung – nach Wortmeldung – genannt werden.

Variante 1

Die Klasse wird in Tischgruppen von bis zu sechs Schülern aufgeteilt. Jede Tischgruppe spielt für sich und erhält zehn Begriffekärtchen. Alle Begriffekärtchen sind doppelt vorhanden: Der eine Stapel wird zum Malen verdeckt bereitgelegt, der andere Stapel mit denselben Begriffen wird für alle gut sichtbar ausgebreitet.

Nun zieht der Älteste in der Gruppe einen Begriff, malt ihn in die Luft und alle anderen in der Tischgruppe schauen auf die ausgebreiteten Wortkarten, um herauszufinden, welcher Begriff gemalt wurde. Diese Erleichterung grenzt die Anzahl der möglichen Begriffe erheblich ein. Sollte das zu einfach sein, könnte man noch zusätzliche Wortkarten ausbreiten, die gar nicht im Stapel der zu malenden Begriffe vorkommen.

Variante 2

Statt den Begriff in die Luft zu malen, wird er pantomimisch benutzt, wie z. B. bei dem allseits bekannten Spielen einer „Luftgitarre“.

Freeclimber

Ziel
Streck- und Dehnbewegungen zur Auflockerung und als Tageseinstieg durchführen

Spieldauer
unter 10 Minuten

Anzahl der Spieler
beliebig

Räumliche Bedingungen
Klassenraum

Vorbereitungsaufwand
keiner

Material
keines

Zum Spiel
Alle machen simultan die Bewegungen eines Freeclimbers an einer Felswand.

Spielverlauf
Der Spielleiter erzählt, wie ein Freeclimber eine steile Felswand hochklettert, und alle machen die Bewegungen sofort mit:

„Heute Morgen will der Bergsteiger die große Felswand kurz unter dem Gipfel seines Lieblingsbergs mit den bloßen Händen hochklettern.

An seinem Gürtel hat er einen Beutel mit Kreide befestigt. Da steckt er erst mal seine Hände rein und verreibt die Kreide auf ihnen, um nicht mit verschwitzten Händen vom Fels abzurutschen. *(Alle machen entsprechende Bewegungen.)*

Dann schaut er die Felswand hoch und sucht dort Spalten und Vorsprünge *(Kopf heben und hin und her bewegen)*.

Nun greift er mit der linken Hand den ersten Vorsprung und zieht sich daran hoch. Jetzt schwingt er den rechten Arm zu einem Felsabsatz darüber und zieht sich daran hoch.

Während er mit beiden Armen noch weiter hochgreift, tritt er erst mit dem linken Fuß, dann mit dem rechten Fuß auf einen kleinen Felsvorsprung."
Der Spielleiter macht die jeweiligen Bewegungen differenziert vor, sodass die Schüler sich die Situation gut vorstellen können.

Je nach Zeit und Spaß an der Geschichte können weitere **kleine Ereignisse** eingebaut werden:

- Ein Felsvorsprung bröckelt und der Freeclimber hängt nur an einer Hand.
- Auf halbem Wege gibt es einen Absatz, auf dem er sich etwas ausruhen kann.
- Der Freeclimber entdeckt einen Adlerhorst und fotografiert das Vogelnest.
- Er muss sich jetzt mit weit gegrätschten Beinen abstützen.
- Unterwegs reibt sich der Freeclimber jede Hand nochmal mit Kreide ein.
- Er nimmt einen Schluck aus seiner Wasserflasche.
- Er erreicht den Gipfel, setzt sich und lehnt sich mit dem Rücken gegen das Gipfelkreuz.
- Der Freeclimber schaut in die Runde auf das herrliche Bergpanorama.

Tipp

Der Spielleiter sollte darauf achten, dass die Schüler wirklich intensive Dehn- und Streckbewegungen machen und sie innerhalb der Geschichte immer wieder zu ausgedehntem Strecken ermuntern:
„Jetzt greift der Bergsteiger zu dem Felsvorsprung ganz hoch über ihm, er kann ihn kaum fassen, springt noch ein Stückchen höher und schafft es!"

Differenzierungen

Differenzierungen ergeben sich durch die Auswahl der Zwischenereignisse.

Varianten

Statt der Bergsteigergeschichte kann auch der Besuch in einem Fitness-Studio oder das Duschen während eines Schwimmbadbesuchs gespielt werden.

Stille Post

Ziel
Beobachtungsgabe, Selbstbeherrschung und Kreativität trainieren

Spieldauer
15 Minuten

Anzahl der Spieler
pro Spielkreis 10–12 Spieler

Räumliche Bedingungen
Klassenraum: Tische und Stühle zur Seite rücken

Vorbereitungsaufwand
keiner

Material
keines

Zum Spiel
Die Schüler geben eine Bewegung von Spieler zu Spieler weiter.

Spielverlauf
Die Spieler bilden einen Kreis und schauen dabei alle nach außen. Der Startspieler steht in ihrer Mitte und überlegt sich eine einfache Bewegung. Nun geht er zu einem Mitspieler und tippt ihm auf den Rücken. Dieser Spieler dreht sich zu ihm um und der Startspieler macht ihm seine Bewegung vor.
Die beiden wechseln die Plätze, der angetippte Mitspieler geht in die Mitte und der Startspieler auf dessen Platz im Kreis, nur darf er jetzt den Blick in Richtung Kreismitte behalten.
Der neue Spieler in der Mitte macht die neue Bewegung nicht sofort nach, sondern tippt zuerst wiederum einen Spieler auf den Rücken, der sich nun seinerseits umdreht und die Bewegung gezeigt bekommt. Auch hier werden wieder die Rollen getauscht.
So wird die Bewegung von einem Spieler zum anderen weitergegeben. Wenn der letzte Spieler sich umdreht,

wird auch ihm die Bewegung gezeigt. Dieser Spieler geht nun in die Mitte und der erste Startspieler stellt sich zu ihm, Rücken an Rücken. Die Gruppe zählt bis drei.

Bei „drei" machen beide Spieler die Bewegung vor – ohne sich dabei zu anzusehen. Der Startspieler macht natürlich seine Ausgangsbewegung und der Endspieler versucht, die ihm gezeigte Bewegung, so exakt es geht, zu kopieren. Dann drehen sich die beiden zueinander und die Gruppe zählt erneut. Bei „drei" können nun auch die beiden Spieler sehen, wie die Bewegung sich verändert hat.

Differenzierungen

Ist der Gruppe das Spiel bekannt, können auch mehrere kleine Bewegungen aneinandergereiht werden.

- In den Klassen 1 und 2 ist es hilfreich, eine Bewegungsabfolge zu nehmen, die den Spielern schon vertraut ist, zum Beispiel eine imaginäre Zahnbürste zu halten, Zahnpasta darauf zu geben und die Zähne zu putzen.
- Werden abstraktere Bewegungsfolgen weitergegeben, in denen unterschiedliche Bewegungen aufeinanderfolgen, ist der Veränderungseffekt größer.

Tipp

Die Spielleitung sollte im ersten Durchgang der Startspieler sein. Wichtig ist, erst das Spiel zu erklären und dann erst, falls nötig, die Gruppe in Untergruppen (nicht größer als zwölf Spieler) zu unterteilen. Die Wartezeit, bis der einzelne Spieler angetippt wird, kann nämlich sehr lang werden, besonders, wenn ein Großteil der Gruppe schon sehen darf und zu lachen beginnt.

Die Spieler müssen zwischendurch daran erinnert werden, nicht regulierend einzuwirken, wenn die Startbewegung nicht richtig kopiert wird!

Hindernisparcours

Ziel
Körperwahrnehmung sensibilisieren; in den Varianten auch: Kooperation fördern

Spieldauer
45 Minuten, gerne auch länger

Anzahl der Spieler
20–30 Spieler

Räumliche Bedingungen
Klassenraum

Vorbereitungsaufwand
keiner

Material
für die Variante: Tische und Stühle des Klassenraums, Luftballon, Becher mit Wasser, gekochtes Ei, Löffel

Zum Spiel
Ziel des Spiels ist es, dass die Mitspieler ungewohnte Bewegungserfahrungen an bekannten Gegenständen machen. Die Gruppe soll gemeinsam überlegen und den Parcours anschließend zusammen aufbauen.

Spielverlauf
Endlich darf es mal über Tische und Bänke gehen! Die Tische und Stühle des Klassenraumes werden in diesem Spiel zu Turngeräten. Gemeinsam mit der Klasse wird aus ihnen eine Bewegungsbaustelle erstellt oder ein Hindernisparcours aufgebaut. Tische müssen dort erklommen oder wie in einer Höhle durchkrochen werden. Stühle werden zu Treppenstufen für den Tisch oder sie bilden eine Slalombahn, die der Spieler durchläuft. Die Schüler gehen nun zu dritt oder viert den Parcours ab, der erste durchquert ihn, die anderen helfen, wenn es an einigen Stellen knifflig wird. Zudem geben sie Hilfestellung, wenn Höhen erklommen werden, um eine Verletzungsgefahr zu vermeiden.
Nach der ersten Runde, die alle Mitspieler absolviert haben, tauschen sie sich aus, wo der Parcours gut gebaut ist und so bleiben kann, oder wo noch etwas

verändert werden muss. Dann geht der Umbau weiter. Bekommt man eine Schräge hin, auf der sogar vielleicht gerutscht werden kann?

Differenzierungen

- **Für geübte Mitspieler** kann die Aufgabe, den Parcours zu durchqueren, erschwert werden. So kann ein Mitspieler aus der Kleingruppe z.B. versuchen, den Parcours rückwärts zu durchqueren, wobei seine Mitspieler ihn unterstützen und ihn mittels Ansagen sicher führen.
- Vielleicht traut sich auch ein Mitspieler, Teile des Parcours **mit geschlossenen Augen** zu absolvieren. Die anderen Mitspieler können ihm die Hand reichen und ihn so führen.
- Durch den Slalomparcours kann ein Mitspieler auch **rein verbal geführt** werden.
- Spieler können auch **paarweise** den Parcours durchlaufen und haben dabei wie beim Dreibeinlauf je eines ihrer Beine mit einem des Partners zusammengebunden.
- **Besonders schwierig** wird es für das Paar, wenn einer vorankrabbelt und der Zweite stets die Beine des Partners umfassen muss.
- Eine **besonders interessante Steigerung** besteht darin, dass Kleingruppen mit vier bis sechs Spielern eine Schlange bilden (Schulterfassung) und nur der Kopf der Schlange behält die Augen auf. Vorsichtig, ganz langsam und immer mit Verantwortung für den jeweiligen Hintermann, bewegt sich die „Blinde Schlange" über die Hindernisstrecke. Unbedingt anschließend ein Auswertungsgespräch über Vertrauen, Hilfestellung, Ängste und den Gruppenzusammenhalt führen! Es ist auch möglich, dass die Gruppe nach einem Gespräch und Rollenwechsel den Parcours wiederholt.
- **Einfacher** ist der Parcours zu bewältigen, wenn man sich auf allen Vieren bewegen soll.

Variante

Eine Art „Gefahrengut-Transport" kann im aufgebauten Parcours gespielt werden, indem verschiedene Gegenstände beim Durchlaufen der Hindernisstrecke transportiert werden müssen. Das kann:

- ein aufgeblasener Luftballon sein, der vorsichtig und langsam auf einer Handfläche schwebend transportiert werden muss oder
- beispielsweise ein Becher mit Wasser oder
- klassisch: das gekochte Ei auf einem Löffel.

Tipp

In diesem Spiel geht es um neue Körpererfahrungen, nicht um Schnelligkeit und Wettkampf.

Maschinenbauer

Ziel
Körperkontakthemmungen verlieren; Fantasie und Ausdruck fördern

Spieldauer
10–20 Minuten

Anzahl der Spieler
beliebig, in Gruppen von je 2 Spielern

Räumliche Bedingungen
Klassenraum, auch Turnhalle

Vorbereitungsaufwand
keiner

Material
für Variante 2: Beispielkärtchen; für Variante 3: ausführliche Spielbeschreibung (Download)

Zum Spiel
Bewegungen werden von einem Spieler (Konstrukteur) vorgegeben und vom anderen (Maschine) ausgeführt.

Spielverlauf
Die ganze Klasse teilt sich in Spielpaare auf. Der jeweils größere Partner ist der Konstrukteur, der kleinere stellt Maschinenteile dar. Der Konstrukteur (oder „Techniker“, „Ingenieur“, „Maschinenerfinder“ – je nach Sprachverständnis der Klasse) baut eine Maschine, indem er die Körperteile des Partners am Platz in Bewegung versetzt. Es sollten Bewegungen sein, die der Partner ohne zu große Anstrengung wiederholen und einige Minuten durchhalten kann. Der Konstrukteur kann auch noch ein dazu passendes Geräusch vormachen, das die Maschine zur Bewegung von sich geben soll. Anschließend werden die Rollen gewechselt.

Variante 1
Statt Paaren werden Fünfergruppen gebildet, in denen je Einer (vielleicht diesmal immer der Kleinste in jeder Gruppe, der mal die Großen dirigieren darf) die vier Anderen zu einer Maschine zusammenbaut.

Variante 2

Statt einer Maschine wird ein „verrücktes Denkmal" gebaut: Ein Schüler „verbiegt" die Haltung seines in der Ausgangsposition stehenden Partners, sodass dieser eine ungewöhnliche Verrenkung einnimmt. Statt Gliedmaßen und Rumpf des Partners aktiv zu „verbiegen", können auch nur verbale Anweisungen ohne Berührungen gegeben werden.
Im Download-Material finden Sie Beispielkärtchen für solche Anweisungen.

Tipp

In Form einer Maschinen-Ausstellung („Internationale Messe") können die Maschinen nacheinander auch allen anderen Gruppen vorgeführt werden.

Differenzierung

In den Klassen 4 bis 6 können die Konstrukteure ihren vorzuführenden Maschinen Namen und Fantasiebedeutungen geben und sie den Messebesuchern anpreisen. Wenn zu befürchten ist, dass aufgrund der Klassenstärke diese Variante zu lange dauert, können Sie auch fragen, wer diesen Job übernehmen möchte.

Komplexe Variante: „Höllenmaschine"

Eine komplexe Erweiterung der Grundspielform ist die „Höllenmaschine". Dazu kommen außer zwei bis vier Freiwilligen alle zusammen und wiederholen ihre Bewegungen, aber so, dass die Schüler untereinander Kontakt haben und praktisch eine große Maschine bilden.
Die Freiwilligen gehen vor die Tür und die Schüler, die die Maschine bilden, vereinbaren eine bestimmte Körperstelle (bei jedem Schüler die gleiche!), an der sich bei der Maschine der AUS-Schalter befinden soll. Die Freiwilligen kommen wieder rein und versuchen, den AUS-Schaltknopf zu finden (z. B. durch Tippen auf die Nasenspitze, wenn das von den Anderen so vereinbart wurde).
Hat einer der Freiwilligen die richtige Stelle bei einem Maschinenteil berührt, verharrt dieser Schüler sofort in seiner Bewegung. Seine aufmerksamen Nachbar-Maschinenteile merken das und gehen auch aus, so lange, bis die gesamte Maschine – also die ganze Gruppe – stillsteht.
Die genaue Spielbeschreibung für diese Variante finden Sie im Download-Material.

Spiegelspiel

Ziel
Körper und Bewegungen präzise wahrnehmen; Ausdrucksfähigkeit fördern

Spieldauer
je Spieldurchgang 10–20 Minuten

Anzahl der Spieler
beliebig, in Gruppen von je 2 Spielern

Räumliche Bedingungen
Klassenraum, auch Turnhalle; ein öffentlich einsehbarer Pausenhof ist nicht geeignet!

Vorbereitungsaufwand
Wenn mit selbst hergestellten Rahmen gespielt wird, sind diese vorher aufzubauen.

Material
eventuell: Rahmen aus Pappe oder Holzleisten oder richtige alte Bilderrahmen, Videokamera

Zum Spiel
Von einem Spieler werden Bewegungen vorgegeben und vom zweiten fast simultan spiegelbildlich kopiert.

Spielverlauf
Die Klasse teilt sich in Spielpaare auf. Die Spielpartner stellen sich im Abstand von ein bis zwei Metern auf. Einer macht eine Folge von Bewegungen vor, die der andere sofort spiegelbildlich nach- bzw. zeitgleich mitmacht. Dann werden die Rollen gewechselt.

Tipp
Die Art der Bewegungen ist in der Basisversion dieses Spiels beliebig, aber prinzipiell dürfen die Bewegungen nicht zu schnell aufeinander erfolgen, damit sie nicht einfach oberflächlich und nur ungefähr nachgemacht werden. Es ist gerade in den jüngeren Klassenstufen darauf zu achten, dass die Bewegungen möglichst genau kopiert werden.
Die Paare – anschließend aber auch alle Schüler der Klasse – sollten danach besprechen, welche Bewegungen leicht und welche schwer nachzumachen waren, und warum das so war.

Differenzierungen

Einfacher gestaltet sich die Spielaufgabe für den kopierenden Partner, wenn die Bewegungen in Zeitlupe vorgemacht werden.

Komplexer wird das Spiel, wenn einfache Requisiten (Handy, Stuhl, Filzstifte) hinzugenommen werden. Dann muss auf jede kleine Handhaltung geachtet werden.

Besonders schwierig wird dieses Spiel, wenn nicht ausgemacht wird, welcher der beiden Partner beginnt, oder wenn der Rollenwechsel, das Vor- und Nachmachen, unabgesprochen abwechselnd ineinanderübergeht.

Tipp

Wenn der Schwerpunkt des Spiels in den Klassen 5 und 6 auf die Verbesserung der Beobachtungsfähigkeit und auf die Feinmotorik gelegt wird, können die Videoaufnahme der Spiele einzelner Paare und die anschließende Reflexion der Aufzeichnung sinnvoll sein.

Variante

Der Spielleiter gibt bestimmte Bewegungen vor:

- morgens aufstehen;
- beim Frühstücken;
- E-Mail auf dem Handy checken und beantworten …

Tipp

Ein Rahmen aus Pappe oder Holzleisten für jedes Spielpaar erleichtert den Schülern die Vorstellung, dass sie ein Bild kopieren. Besonders eindrucksvoll und schön ist es, wenn richtige alte Bilderrahmen vom Trödelmarkt auf den Tischen aufgestellt werden und die Spielpaare sich jeweils vor und hinter einem Rahmen an einen Tisch setzen. Hier kommt es dann auf besonders kleinteilige, feinmotorische Bewegungen, Gefühlsausdrücke und Mimiken an.

Waschstraße

Ziel
Konzentration, Feinmotorik, Empathie, Körperwahrnehmung fördern

Spieldauer
10–15 Minuten

Anzahl der Spieler
beliebig

Räumliche Bedingungen
Klassenraum, Turnhalle, Schulhof, Flur

Vorbereitungsaufwand
keiner

Material
Für Variante 1 wird ruhige Musik benötigt.

Zum Spiel
Die Schüler spielen eine Autowaschanlage, alle gehen nacheinander, einzeln und langsam, hindurch.

Spielverlauf
Die Klasse teilt sich in zwei Halbgruppen auf. Die eine spielt im ersten Spieldurchgang die Maschinenteile einer Autowaschanlage und die andere Halbgruppe bewegt sich langsam als Autos durch die Waschstraße. Sind alle Autos einmal durchgefahren, wechseln beide Halbgruppen ihre Rollen für den zweiten Spieldurchgang.

So wird die Waschanlage gebaut: Eine Halbgruppe teilt sich in Spielpaare auf, die sich in einer langen Zweierreihe aufstellen. Der Abstand zwischen den beiden Reihen sollte rund einen halben Meter betragen. Jedes Paar bildet einen Teil der Autowaschanlage: Bürsten für die Räder, die Vorwäsche, Bürstenwalzen, die Waschschaumsprühanlage, Spülwassersprühdüsen, das Trockengebläse, Trockenlederlappen usw.

Nun geht langsam ein Schüler nach dem anderen aus der zweiten Halbgruppe durch die Waschstraße.

Tipp

Die Spielleitung sollte die Abschnitte der Waschstraße einteilen und den einzelnen Paaren ihre Aufgabe zuweisen. Allen Spielern sollte erklärt werden, dass der Lack der Autos nicht beschädigt werden darf und deshalb die Autos sehr sanft und vorsichtig behandelt werden müssen.
Und noch ein Hinweis an die Maschinenteile der Waschstraße: Die Wagen müssen sich sehr gleichmäßig durch die Waschstraße bewegen – sie dürfen also nicht gestoßen oder gekitzelt werden!

Differenzierungen

Weitere Rollen können noch dazu erfunden werden:

- Helfer für das Abmontieren der Antenne;
- Angestellte für die Vorwäsche per Hand;
- Kassierer;
- Techniker zum Reparieren ausgefallener Maschinenteile (wozu dann die gesamte Waschstraße kurz abgeschaltet werden muss);
- Angestellte zum Nachputzen oder für die „Innenreinigung" …

Variante 1

Hierzu passt eine angenehme, eher ruhige Musik.
Die zwei Letzten der Doppelreihe sind Schmetterlinge, die sich in eine Waschstraße verirrt haben. Sie bewegen sich durch diese im Rhythmus der Musik. Wird einer der Schmetterlinge von einer Bürste o. Ä. berührt, so verwandelt er sich seinerseits in eine Bürste, und die Bürste, die den Schmetterling berührt hat, beginnt wieder am Eingang der Waschstraße, diesmal als Schmetterling.
Das Spiel endet, wenn jeder Spieler einmal Schmetterling war oder wenn die Musik aufhört.

Variante 2

Statt „Autowaschanlage" wird in gleicher Weise „Abfüllanlage für Limoflaschen" oder „Roboter bauen am Fließband ein Auto zusammen" gespielt.

Zeitlupenspiele

Ziel
Bewegungszeiten des eigenen Körpers einschätzen lernen; Zeitgefühl entwickeln

Spieldauer
10–20 Minuten

Anzahl der Spieler
beliebig

Räumliche Bedingungen
Klassenraum: eventuell Tische und Stühle zur Seite rücken

Vorbereitungsaufwand
gering (Kärtchen mit Bewegungsaufgaben vorbereiten)

Material
je Gruppe 1 Zeitmessgerät und 1 Kartenstapel mit Aufgaben

Zum Spiel
Einmal nicht der Schnellste sein müssen! Langsame Bewegungen sind hier gefragt, bei denen die Spieler versuchen, die vorgegebene Zeitmarke zu erreichen.

Spielverlauf
In diesem Spiel ist gutes Timing gefragt. Kleine Aufgaben sollen in einem vorgegebenen Zeitfenster erreicht werden. Die ganze Klasse wird in Gruppen von etwa fünf Schülern eingeteilt. Jede Gruppe erhält den gleichen Kartenstapel mit Aufgaben und ein Zeitmessgerät (Handy, Uhr mit Sekundenanzeige, Eieruhr, Sanduhr). In jeder Gruppe misst ein Spieler die Zeit und ein zweiter versucht, die Aufgabe zu erfüllen, die auf der vom gemischten Stapel gezogenen Karte steht. Die Anderen schauen zu und dürfen vorher jedes Mal schätzen, ob die Aufgabe in der richtigen Zeitdauer erledigt wird.

Diese oder ähnliche Bewegungsaufgaben stehen auf den vorbereiteten Kärtchen:
- vom Platz aufstehen in 15 Sekunden;
- 15 Sekunden lang auf einem Bein stehen;

- die Längsseite der Klasse hin und zurück in einer Minute durchlaufen;
- mit dem ausgestreckten linken Arm einen großen Kreis in die Luft malen in 15 Sekunden;
- sich in zehn Sekunden auf einen Stuhl setzen;
- einem Spieler 30 Sekunden die Hand schütteln;
- für eine halbe Minute die Augen schließen;
- 15 Sekunden lang einen Mitspieler der eigenen Wahl umarmen;
- in genau zwei Minuten sich fünfmal um die eigene Achse drehen.

Differenzierungen

Je nach Alter und bei den Schülern bereits vorhandenem Zeitgefühl sollten die Bewegungsaufgaben erleichtert oder erschwert werden.

Varianten

Alle setzen sich auf den Boden und schließen die Augen. Nun gilt es, so langsam wie möglich aufzustehen. Wichtig dabei ist, immer in Bewegung zu bleiben. Wenn man sich ganz aufgerichtet hat, darf man die Augen öffnen und die anderen ruhig beim langsamen Aufstehen beobachten.

Eine weitere Variante, bei der es um eine Einschätzung der Fortbewegungsgeschwindigkeit langsamer Tiere geht, finden Sie im Download-Material.

Tipp

Da diese Aufgaben ein gutes Zeitgefühl erfordern, das nicht jeder von Natur aus besitzt, darf der Erfolg oder Misserfolg bei den einzelnen Aufgaben nicht kritisiert oder mit Plus- bzw. Minuspunkten bewertet werden. Wer die Aufgabe nochmal probieren möchte, sollte dazu die Gelegenheit erhalten: Nur die Übung macht den Meister – wie so oft!

Körper-Abc

Ziel
Wahrnehmung des eigenen Körpers, Bezeichnung der Körperteile fördern

Spieldauer
etwa 10 Minuten

Anzahl der Spieler
beliebig, in Gruppen von je 2 Spielern

Räumliche Bedingungen
Klassenraum, auch Turnhalle – ein öffentlich einsehbarer Pausenhof ist nicht geeignet!

Vorbereitungsaufwand
keiner

Material
keines

Zum Spiel
Die Spieler sollen am eigenen Körper und beim Partner Körperstellen berühren, deren Name mit einem vorher angesagten Buchstaben beginnt.

Spielverlauf
Alle stehen in der ersten Spielphase beliebig verteilt im Klassenraum.
Der Lehrer nennt irgendeinen – allerdings nicht zu selten vorkommenden – Buchstaben des Alphabets. Jeder soll ein Körperteil an seinem Körper berühren, dessen Bezeichnung mit dem genannten Buchstaben beginnt. Die Schüler dürfen ruhig verschiedene Stellen berühren, Hauptsache, deren Name beginnt mit dem angesagten Buchstaben.
Ein Beispiel: Wenn „A" angesagt wurde, darf die Hand den Arm anfassen oder ein Auge vorsichtig berühren oder es darf auch in die Achselhöhle gegriffen werden. Buchstaben, für die Grundschüler noch keine Körperteilnamen kennen, sollten nicht genannt werden.
In der zweiten Spielphase teilt sich die ganze Klasse in Spielpaare auf. Die Spielpartner stellen sich dicht nebeneinander. Statt eine passende Stelle am eigenen

Körper zu berühren, soll in diesem Spielabschnitt der Körper des Partners angefasst werden. Das heißt, die Paare berühren sich simultan gegenseitig. Sie müssen sich aber nicht unbedingt gegenseitig an den gleichen Stellen anfassen, wenn mehrere Körperteile mit dem angesagten Buchstaben beginnen.

Differenzierung

In der zweiten Spielphase kann man es **noch ein wenig komplizierter** machen: Mit der linken Hand soll jeder die passende Körperstelle am eigenen Körper berühren und gleichzeitig mit der rechten Hand diese Stelle am Körper des Partners, während der Partner das Gleiche tut. Das kann schon zu einigen lustigen Verrenkungen führen!

Tipp

Sollten die Bezeichnungen der Körperteile in deutscher Sprache nicht allen Schülern der Klasse – z. B. wegen ihrer multikulturellen Herkunft – gleich gut vertraut sein, empfiehlt es sich, diese vorher auf der Tafel zu notieren. In der ersten Klasse kann auch entsprechendes Bild- oder Skizzenmaterial zusammen mit den Buchstaben genutzt oder auf die Tafel gemalt werden.
Ab der fünften Klasse sollten die Schüler darauf hingewiesen werden, dass es Körperregionen gibt, an denen man den Partner nicht ungefragt anfassen darf!

Wenn strenggläubig erzogene muslimische Mädchen in der Klasse sind, wird darauf Rücksicht zu nehmen sein.

Beispiele für häufig vorkommende Buchstaben:

A: Arme, Augen, Achseln, Allerwertester, Augenbrauen;
B: Beine, Bauch, Brust, Ballen;
D: Daumen, Darm;
E: Ellenbogen;
F: Finger, Faust, Ferse, Fuß, Fingernagel;
G: großer Zeh, Gehirn, Gehör, Gelenk;
H: Hände, Haare, Hals, Hintern, Hüfte, Herz;
K: Knie, Knochen, Kopf, kleiner Finger, kleiner Zeh, Knöchel;
L: Lunge, Lippen;
M: Mittelfinger, Mund, Muskeln, Magen;
N: Nase, Nabel;
O: Oberschenkel, Ohren, Oberarme;
P: Po;
R: Rumpf, Ringfinger;
S: Schenkel, Schienbein, Schulter;
U: Unterarm, Unterschenkel;
Z: Zunge, Zähne, Zeh, Zeigefinger.

Strandspaziergang

Ziel
Entspannung, ruhige Körpererfahrung, gemeinsamen Rhythmus finden

Spieldauer
10–15 Minuten

Anzahl der Spieler
beliebig

Räumliche Bedingungen
Klassenraum: Tische und Stühle zur Seite rücken

Vorbereitungsaufwand
gering

Material
ruhige Musik, Schwungtuch, Igelbälle (Massagebälle)

Zum Spiel
Die Spieler erleben einen schönen Tag am Strand mit einer Igelball-Massage und Schwungtuch-Wind. Eine ruhige, erholsame Atmosphäre entsteht in der Klasse.

Spielverlauf
Der Spielleiter erzählt von einem Spaziergang an einem ruhigen Strand, von der seichten Brise, einem sanften Lufthauch, der über die Haut weht. Der Sand am Strand ist warm und weich und das Meer ruhig. Ein leichtes Rauschen der Wellen ist zu hören.
Die Spieler bilden Paare; jedes Paar bekommt einen Igel- oder anderen Massageball. Der Spielleiter erzählt nun, dass einer der beiden Spieler sich in den weichen Sand legt (am besten auf dem Bauch) und den warmen Sand unter sich spürt. Aber was ist das? Kleine Seeigel und Krebse laufen über den Strand. Der zweite Spieler des Paares setzt sich neben den Liegenden und beginnt, ihn mit dem Igelball zu massieren, von der Schulter bis zu den Beinen und wieder zurück.
Nun werden die Rollen getauscht und der andere Spieler wird in gleicher Weise massiert.

Wenn diese Massage beendet ist, dürfen sich die Spieler, die gerade noch massiert haben, sternförmig – mit den Köpfen zur Mitte – in einen Kreis legen. Die anderen Spieler nehmen nun das Schwungtuch und stellen sich vorsichtig in einen Außenkreis um die Mitspieler, die im Kreis liegen. Das Schwungtuch soll die liegende Gruppe nicht berühren.

Der Spielleiter erzählt vom Wind und den Wellen am Strand: „Es weht eine leichte Brise." Die Spieler am Schwungtuch bewegen das Tuch sachte auf und ab, sodass die liegenden Spieler durch die Bewegungen des Schwungtuchs einen sanften Windhauch spüren. Auf Ansage des Spielleiters können nun das Meer und die Wellen tosender werden: Das Schwungtuch wird etwas schneller bewegt, sodass nun auch der Luftzug durch das Tuch windiger wird. Aber die Brise beruhigt sich anschließend wieder, die Bewegungen des Schwungtuchs werden langsam ruhiger und abschließend wird das Tuch sanft auf die liegenden Mitspieler abgelegt.

Jetzt tauschen die Spieler die Rollen. Wenn auch die zweite Gruppe zum Abschluss unter dem Schwungtuch lag, wird das Tuch beiseitegelegt.

Zum Abschluss stellen sich die Spieler so im Kreis auf, dass sie Schulter an Schulter stehen. Das Meer hat sich beruhigt, nun kommt die Sonne heraus und wärmt die Schultern. Die Spieler drehen sich um 90 Grad, sodass sie in einem engen Kreis hintereinander stehen. Jeder legt mit leichtem Druck die Hände auf die Schultern des Spielers, der vor ihm steht, sodass dieser die Wärme der Hände spüren kann.

Differenzierungen

Alle Spielteile können verkürzt oder verlängert und ergänzt werden, je nach Stimmung in der Klasse.

Tipp

Wichtig ist, dass der Spielleiter die ruhige Atmosphäre unterstützt. Er gibt die Geschichte klar vor und achtet darauf, dass es zwischendurch nicht wild wird, besonders dann, wenn die Bewegungen schneller oder größer werden. Jeder Spieler soll auch klar ansagen, wenn er sich in einer bestimmten Situation nicht ganz wohl fühlt, dann können auch schon eher die Rollen getauscht werden.

Sollte kein großes Schwungtuch zur Verfügung stehen, können jeweils vier Schüler ein Betttuch oder eine Decke so über den Liegenden bewegen, dass eine kräftige Meeresbrise entsteht.

Wolkenbett

Ziel
Kooperation, Hineinversetzen in Andere und motorische Geschicklichkeit fördern

Spieldauer
je Spieldurchgang 5 Minuten

Anzahl der Spieler
beliebig; Aufteilung in Gruppen mit je 4 oder 5 Schülern

Räumliche Bedingungen
Klassenraum: Tische und Stühle zur Seite rücken; Turnhalle

Vorbereitungsaufwand
gering

Material
für die Variante: 1 stabile Decke pro Gruppe und eventuell ruhige Musik

Zum Spiel
Ein Spieler wird auf den Rücken der Mitspieler liegend hin- und hergeschaukelt.

Spielverlauf
Die ganze Klasse teilt sich in Gruppen von je vier bis fünf Schülern auf.
In jeder Gruppe legt sich ein „Mutiger“ rücklings oder bäuchlings auf die Rücken der anderen Spieler, die dicht nebeneinander im Vierfüßlerstand stehen. Nun schaukeln die Spieler den auf ihnen Liegenden vorsichtig, gleichmäßig und im koordinierten Rhythmus hin und her, auf und ab. Der Liegende kann die Augen dabei schließen oder sie offen lassen. Jeder sollte mal drankommen.

Tipp
Für die Spieler im Vierfüßlerstand kann eine Decke als Unterlage für die Knie hilfreich sein.

Differenzierungen
Ein Spiel, das sowohl entspannend – mit sehr sanften, einfühlsamen Bewegungen – als auch sehr lustig und

lebhaft – mit bewusst holprigen Bewegungen – gespielt werden kann. Immer aber ist eine gute Kooperation der Spieler nötig, die das Bett (oder auch das „Boot") darstellen.

- Hat ein Spieler ein gutes Sicherheitsgefühl, kann er sich mit dem Bauch auf die Rücken seiner Mitspieler legen und die Augen offen lassen.
- Dafür ist viel Vertrauen erforderlich: Ein Spieler legt sich mit dem Rücken auf die Rücken der ihn tragenden Mitspieler und schließt die Augen.

Variante

Für die Variante muss pro Gruppe eine stabile Decke vorhanden sein und jede Gruppe sollte idealerweise aus fünf Schülern bestehen.

Ein Spieler jeder Gruppe legt sich rücklings auf die Decke und schließt die Augen. Die anderen Vier fassen die Decke fest an ihren vier Ecken und heben sie so an, dass der Liegende etwa eine Handbreit über dem Boden schwebt. Dann wird die Decke vorsichtig und langsam hin- und hergeschwenkt und nach wenigen Minuten wieder ganz langsam abgesenkt.

Tipp

Das Spiel benötigt eine ruhige und harmonische Stimmung in der Klasse. Die Atmosphäre bei diesem Spiel kann durch eine kleine Geschichte von einem Flug über die Wolken und auch durch passende Musik unterstrichen werden.

Blind bewegen

Ziel
Kooperation, Konzentration, Feinmotorik und Gleichgewichtssinn schulen

Spieldauer
je Spieldurchgang 5 Minuten

Anzahl der Spieler
beliebig

Räumliche Bedingungen
Klassenraum, Turnhalle

Vorbereitungsaufwand
keiner

Material
viele Bierdeckel und / oder Pfeifenputzer, kleine Äste, Bleistifte o. Ä.

Zum Spiel
Mehrere kurze Spielteile, bei denen der Schwerpunkt auf der gefühlsmäßigen Orientierung – bei ruhigen Bewegungen und mit geschlossenen Augen – liegt.

Spielverlauf

Teil 1: Blinder Sitzkreis
Alle kennen den Riesen-Sitzkreis aus den New Games: Die ganze Klasse stellt sich eng Schulter an Schulter in einen Kreis. Dann macht jeder eine Drehung nach rechts und anschließend setzen sich alle gleichzeitig jeweils auf die Knie des Schülers hinter ihnen. Mit ein bisschen Übung purzeln nicht alle durcheinander, sondern sitzen in einem großen Sitzkreis aufeinander.
Klappt das nach ein paar Versuchen gut, wird nun die Königsdisziplin ausprobiert: den Sitzkreis mit geschlossenen Augen schaffen!

Teil 2: Bierdeckelspiel
Alle Schüler belegen sich gegenseitig mit Bierdeckeln und / oder Pfeifenputzern (auf Schultern, Schuhen, nach vorn gestreckten Armen, auf dem Kopf …). Danach ge-

hen alle ganz langsam, vorsichtig und mit geschlossenen Augen in die Knie und stellen sich anschließend wieder hin.
Die Augen wieder öffnen. Es sollte möglichst wenig heruntergefallen sein.

Teil 3: Hände auflegen

Fünf Freiwillige stellen sich mit jeweils etwa zwei Metern Abstand zueinander auf und schließen die Augen. Alle anderen Schüler gehen ganz still auf die Freiwilligen zu und legen einem von ihnen jeweils eine Hand auf den Körper. Jeder Freiwillige soll versuchen zu erspüren, wie viele Hände ihn berühren.

Teil 4: Äste blind tragen

Alle stellen sich in mehreren Reihen hintereinander an einer Seite des Klassenraums auf. Die Schüler in der vordersten Reihe legen jeweils einen kleinen Ast (oder Bleistift o. Ä.) auf ihren ausgestreckten Zeigefinger.
Wenn der Ast bei allen in der Balance liegt, schließen sie die Augen und gehen vorsichtig zur anderen Seite des Klassenzimmers, öffnen dort die Augen, drehen sich um und gehen wieder mit geschlossenen Augen zurück. Dann ist die nächste Reihe dran.

Tipp

Diese Balancespiele brauchen viel Übung. In einer Ausprobierphase können alle die Aufgaben erst einmal einzeln für sich probieren.
Die Spiele benötigen eine ruhige und harmonische Stimmung in der Klasse.

Wer kann das?

Ziel
Koordination und Konzentration trainieren

Spieldauer
10–20 Minuten

Anzahl der Spieler
beliebig

Räumliche Bedingungen
keine

Vorbereitungsaufwand
keiner

Material
keines

Zum Spiel

Hier werden bekannte Bewegungen ungewöhnlich kombiniert, sodass sie für jeden Mitspieler eine Herausforderung werden.

Spielverlauf

Die Spieler führen nacheinander fünf ungewöhnliche Bewegungsaufgaben aus:

Bewegung 1

Alle Mitspieler stehen im Raum und heben für eine Minute ein Bein, zuerst das rechte, dann das linke. Dabei sollen sie sich nicht an irgendwas oder irgendwem festhalten.
Klappt dies nun sicher, geht es in die zweite Runde. Wieder wird der Einbeinstand gemacht, doch nun schließen die Spieler dabei die Augen. Schaffen sie es nun auch eine Minute lang, ruhig im Einbeinstand zu bleiben?
Anschließend werden die Augen geöffnet und kurz die Beine ausgeschüttelt. Nun schließen wieder alle Spieler ihre Augen und ihr anderes Bein wird das Standbein.

Bewegung 2

Anschließend bleiben die Spieler locker stehen. Nun kommen die Arme ins Spiel. Mit der flachen rechten Hand klopfen sich die Spieler sanft auf den Kopf, während die flache linke Hand über dem Bauch kreist. Auch hier werden wieder die Hände getauscht.

Bewegung 3

Nun kommen die Finger an die Reihe. Mit der rechten Hand machen die Spieler das „Peace-Zeichen", indem sie Zeige- und Mittelfinger nach oben strecken und die anderen Finger zur Faust formen. Anschließend machen sie mit der rechten Hand ein „Okay-Zeichen", indem Zeigefinger und Daumen einen Kreis bilden und Mittel-, Ring- und kleiner Finger nach oben abgespreizt werden. Sobald die Bewegung mit dieser Hand flüssig ist, kommt die andere Hand dazu, beide Hände machen gleichzeitig „Peace" und „okay".

Nun wird es knifflig: Die Bewegungen sollen ungleich gemacht werden. Zeigt die rechte Hand „Peace", formt gleichzeitig die linke Hand „okay". Anschließend wird gewechselt. Schaffen die Mitspieler einige Wechsel nacheinander?

Bewegung 4

Jetzt sind die Füße der Spieler gefragt. Die Mitspieler setzen sich auf ihre Stühle und heben die Füße leicht an, sodass sie nicht den Boden berühren. Nun soll der linke Fuß in einer geraden Linie vor- und zurückbewegt werden. Gleichzeitig macht der Spieler mit dem rechten Fuß kreisende Bewegungen. Und auch hier werden wieder die Bewegungen der Füße getauscht.

Bewegung 5

Die Spieler bleiben auf ihren Plätzen sitzen und klopfen mit der flachen Hand einmal auf die Oberschenkel, ergreifen danach zeitgleich mit der linken Hand die Nase und mit der rechten Hand das linke Ohrläppchen. Dann klatschen sie wieder auf die Oberschenkel und ergreifen dann zeitgleich mit der rechten Hand die Nase und mit der linken das rechte Ohrläppchen.

Der Spielleiter sollte hierbei einen einfachen Rhythmus vorgeben.

Differenzierungen

Je nach Fähigkeiten der Spieler und abhängig von der vorhandenen Zeit können Spielteile weggelassen werden.

Die Klasse wird in drei oder vier Teilgruppen aufgeteilt. Jede Teilgruppe führt nacheinander die verschiedenen Spielaufgaben aus, aber alle in verschiedener Reihenfolge. Dies ist eine zusätzliche Konzentrationsleistung.

Blinde Schlange

Ziel
Kooperation, Konzentration und Achtsamkeit mit geschlossenen Augen fördern

Spieldauer
15–45 Minuten

Anzahl der Spieler
beliebig, aber aufgeteilt in Gruppen mit 4 bis 6 Schülern

Räumliche Bedingungen
Klassenraum, Schulgebäude, Außengelände

Vorbereitungsaufwand
keiner

Material
keines

Zum Spiel
Jede Kleingruppe bewegt sich mit geschlossenen Augen ganz vorsichtig als Schlange durch den Raum, wobei der vorderste Schüler sehen kann und seine Mitspieler über Hindernisse informiert.

Spielverlauf
Die Klasse wird in kleine Gruppen mit je etwa fünf Schülern aufgeteilt. Alle Spieler einer Gruppe stellen sich hintereinander auf, schließen (bis auf den Ersten) die Augen und legen die Hände auf die Schultern des jeweils vor ihnen Stehenden. Dann geht die Gruppe langsam und vorsichtig durch den Raum und steigt dabei über Stuhlreihen, kriecht unter Tischen hindurch usw.
Der vorderste Spieler darf seiner Gruppe ansagen, was zu beachten ist, wie man sich festhalten sollte und welche Hindernisse es zu überwinden gilt. Er muss sich ab und an umdrehen und seine Schlange anschauen, um sicherzugehen, dass auch alle mitkommen – er hat die Verantwortung für die Gruppe.
Es kommt in diesem Spiel überhaupt nicht auf die Zeit an, sondern auf die gegenseitige Hilfe in der Schlan-

ge und darauf, dass sich keiner stößt oder ängstlich wird. Innerhalb eines Spieldurchgangs kann auch der vorderste Spieler gewechselt werden, damit andere Gruppenmitglieder ebenfalls mal die Verantwortung übernehmen.
Nachdem jede Gruppe einige Hindernisse bewältigt hat, werden alle wieder zusammengerufen und können ihre Erfahrungen mitteilen, vergleichen und diskutieren.

Differenzierung

Als **Vorspiel zu der „Blinden Schlange"** können sich Paare gegenseitig vorsichtig durch den Raum führen – auch hier liegen die Hände des „Blinden" auf den Schultern der führenden Person.
Einfacher oder schwieriger wird das Spiel natürlich mit weniger oder mehr Spielern je Gruppe. Je nach Raumsituation bzw. Gelände kann auch der Schwierigkeitsgrad des Weges variiert werden.
Besonders anspruchsvoll gestaltet sich dieses Spiel, wenn während der Fortbewegung nicht gesprochen werden darf und nur nonverbale Signale vom Vordermann weitergegeben werden dürfen.

Tipp

Die Schüler müssen zwischendurch immer mal wieder daran erinnert werden, ganz langsam und vorsichtig zu gehen und möglichst die Augen die ganze Zeit geschlossen zu halten. Je öfter derartige Blindspiele gespielt werden, umso länger vertrauen die Schüler ihren Mitschülern und umso vertrauensvoller entwickelt sich auch das allgemeine Klassenklima. In dieser Art von Bewegungsspielen steckt ein hohes Potenzial an sozialem Lernen.
Eine ruhige und harmonische Stimmung in der Klasse als Ausgangslage ist natürlich für solche Spiele förderlich.
Um die Sicherheit bei der Fortbewegung der Gruppen zu gewährleisten, ist es hilfreich, wenn die Gruppen die ganze Spielzeit über von Erwachsenen beobachtet werden. Gibt es nur eine Lehrperson als helfenden Beobachter, sollten sich die Gruppen nur in einem von einer Person überschaubaren Bereich bewegen (Klassenraum, Schulhof, Turnhalle).

Wetter-Massage

Ziel
Kooperation, Empathie, Feinmotorik und Ausdrucksfähigkeit fördern

Spieldauer
je Spieldurchgang 5–10 Minuten

Anzahl der Spieler
beliebig, Aufteilung in Gruppen mit je 5–7 Schülern

Räumliche Bedingungen
Klassenraum / Turnhalle mit Platz, um auf dem Boden (Decke / Matte) zu liegen

Vorbereitungsaufwand
keiner

Material
Decken oder Turnmatten

Zum Spiel
Die Spielleitung erzählt eine kleine Geschichte, die von den sitzenden Schülern gruppenweise durch massierende Handbewegungen auf dem Rücken eines liegenden Kindes umgesetzt wird.

Spielverlauf
Die Klasse wird in Gruppen aufgeteilt. Idealerweise finden sich in jeder Gruppe fünf oder sieben Schüler zusammen – einer von ihnen legt sich bäuchlings auf eine Decke oder Turnmatte, die auf dem Fußboden ausgebreitet wurde, die anderen knien sich seitlich neben ihn. Diese Schüler massieren das liegende Kind mit Bewegungen, die die Spielleitung im Rahmen einer kleinen Geschichte ansagt.

Die Geschichte für die Basisversion der Massage lautet: „Die Wettervorhersage für den heutigen Tag!“

- Nieselregen *(alle trommeln mit den Fingerspitzen schnell und nicht zu heftig auf Rücken, Arme, Po und Beine des Liegenden)*,
- dicke Regentropfen *(überall mit Zeige- und Mittelfinger klopfen)*,

- Schauer *(mit Händen kräftig im gleichen Rhythmus von oben nach unten streichen)*,
- Sturm *(vorsichtig den ganzen Körper hin- und herrollen)*,
- dann bricht der wärmende Sonnenschein durch die Wolken *(Hände flach auflegen oder etwa einen Zentimeter über dem Körper schweben lassen – die Wärme überträgt sich trotzdem merklich)*,
- mit Sonnencreme einreiben *(sanfte, reibende Bewegungen)*,
- der Schweiß läuft herunter *(Tropfen mit Fingerspitzen nachfahren)*.

Danach kann sich ein anderes Kind aus der Gruppe hinlegen und die Geschichte wird wiederholt.

Tipp

Die Spielleitung sollte die Bewegungen für die Mitglieder aller Gruppen gut sichtbar mitmachen und die Art der Handbewegung jeweils zu Beginn kurz in der Luft anzeigen.
Es empfiehlt sich, die Massierenden – falls nötig – während des Spiels immer mal wieder aufzufordern, das liegende Kind sanft und einfühlsam zu massieren, es auf keinen Fall zu kitzeln und darauf bedacht zu sein, ihm durch die Massage ein paar angenehme Momente zu verschaffen.

Varianten

Mit ein wenig Fantasie lassen sich viele Geschichten für dieses Massagespiel nutzen. Ein paar Anregungen:
- Kuchen oder Pizza backen;
- Astronauten-Training;
- Frühjahrsputz für das Auto;
- ein großes Orchesterkonzert;
- Urlaubstag am Strand.

Diese Geschichten finden Sie zusammen mit den passenden Massage-Bewegungen im Download-Bereich!

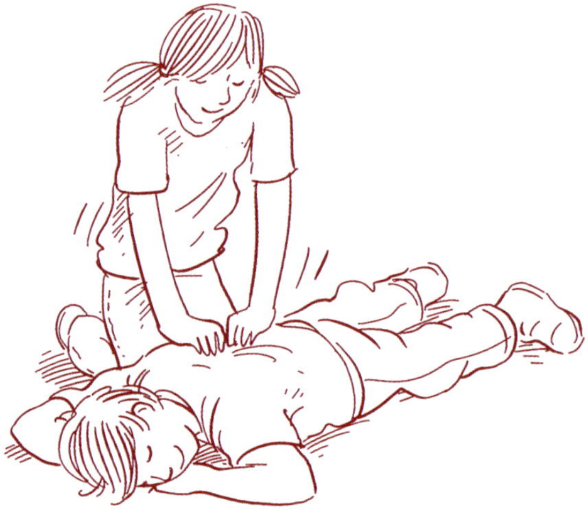

Wachklopfen

Ziel
Entspannung, Konzentration und Empathie fördern

Spieldauer
10 Minuten

Anzahl der Spieler
beliebig, in Teams von je 2 Spielern

Räumliche Bedingungen
keine

Vorbereitungsaufwand
gering

Material
keines; eventuell: ruhige Musik

Zum Spiel
Die Spieler klopfen sich gegenseitig sanft ab. Das entspannt und bringt neue Energien zurück.

Spielverlauf
Die Spieler bilden Paare und stellen sich in diesen hintereinander auf. Wenn es der Untergrund des Raumes zulässt, ziehen sie ihre Schuhe aus. Der vordere Spieler eines Paares schließt die Augen und stellt sich aufrecht, in entspannter Haltung, hin. Der hintere Spieler beginnt nun mit einer Klopfmassage.
Sanft wird mit den Fingerspitzen auf dem Kopf des Partners getrommelt, so wie beim Klavierspielen oder beim Schreiben auf einer Tastatur – vom vorderen Haaransatz über den ganzen Kopf bis zum Hinterkopf, auf und nieder. Es soll sich anfühlen wie eine sanfte Dusche, die den Kopf massiert.
Weiter geht es am Körper abwärts, auch am Halsrücken wird sanft und rhythmisch mit den Fingerspitzen geklopft.
Auf den Schultern darf das Klopfen schon etwas stärker werden, denn hier sitzen viele Muskeln, die beim Sitzen und Schreiben oft verspannen. Zuerst die beiden Hände

zu der einen Schulter, dann zur anderen bewegen. Das Klopfen soll für den Vordermann angenehm sein, also nicht zu fest!

Nun geht es den Arm hinab. Hier soll der Arm nicht wild hin und her geklopft werden, sodass er zu schlingern beginnt, sondern beim Klopfen sanft in der Senkrechten gehalten werden. Am Ellenbogen und dem Handgelenk etwas sanfter klopfen. An den Händen und Fingern wird wieder nur sanft mit den Fingerspitzen geklopft. Von den Fingerspitzen geht es den Arm aufwärts, etwas fester über die Schultern, den anderen Arm wieder hinab, so wie beim ersten. Wenn der zweite Arm auch wachgeklopft wurde, geht es wieder empor zu den Schultern.

Von da aus den Rücken hinab klopfen, aber nicht über die Wirbelsäule, sondern links und rechts neben ihr mit leichtem Klopfen hinab bis zum Po. Mit den Fäusten leicht auf dem Po trommeln, das Trommeln soll angenehm, nicht zu stark sein.

Nun geht es das erste Bein hinab, mit flachen Händen werden die Muskeln vom Oberschenkel übers Knie bis zum Unterschenkel geweckt.

Auf den Füßen wird wieder mit den Fingerspitzen geklopft – nicht zu sanft, das kann sonst kitzeln! Nun wieder das erste Bein hinauf klopfen, über ein Trommelsolo auf dem Po zum nächsten Bein hinab und anschließend wieder hinauf.

Nun hat der hintere Spieler viele Muskeln wachgeklopft. Er legt seine beiden Handflächen auf den Kopf des vorderen Spielers und streicht mit leichtem Druck und beiden Händen gleichzeitig links und rechts vom Kopf den Körper entlang über die Arme, anschließend über die Beine bis zu den Füßen. Das macht er dreimal. Der vordere Spieler kann sich nun sanft ausschütteln und dann werden die Rollen getauscht.

Tipp

Dieses Spiel erfordert eine ruhige Atmosphäre. Der Spielleiter sollte darauf achten, dass die Paare sich selbst finden. Er gibt aber die „Regieanweisungen“, wo und wie gerade geklopft wird.

Variante

Als schnelle Variante des ausgedehnten Wachklopfens können die Paare auch das morgendliche Duschen spielen. Der eine Partner reckt beide Arme hoch und „steht unter der Dusche“, während sein Partner mit den Fingerspitzen die Arme, Schultern, Rücken und Beine entlangtrommelt und damit die Wassertropfen der Brause nachempfindet.

Knotenspiel

Ziel
Kooperation, Geschicklichkeit und überlegtes Handeln fördern

Spieldauer
10–20 Minuten

Anzahl der Spieler
beliebig

Räumliche Bedingungen
Klassenraum, Turnhalle, Pausenhof, langer Flur

Vorbereitungsaufwand
keiner

Material
keines

Zum Spiel
Alle stehen im Kreis, gehen so aufeinander zu, dass sie sich verknoten, und versuchen, sich wieder zu entknoten, ohne dabei die Hände zu lösen.

Spielverlauf

Vorbemerkung
Die Spielgruppe sollte zwischen zehn und 15 Personen groß sein. Das heißt, wenn das Spiel in einer Klasse gespielt wird, sollte sie in mindestens zwei Halbgruppen geteilt werden.
Ist genügend Platz im Raum freigeräumt worden, können beide Gruppen parallel spielen, ansonsten nacheinander, denn das Zuschauen macht bei diesem Spiel auch viel Spaß.

Grundspiel
Alle stehen im Kreis und halten sich an den Händen. Nun verknotet sich die Gruppe durch Drüber- und Druntergehen über/unter die Hände, ohne diese loszulassen! Sind alle eng verknotet, wieder auseinander in den Kreis zurückgehen, ohne die Hände loszulassen.

Variante 1

Zwei bis drei Spieler bleiben außerhalb der Gruppe, diese verknotet sich und dann lösen die Außenstehenden durch ihre Anweisungen die Knoten.

Differenzierung

Eher für höhere Klassenstufen geeignet: Die Gruppe verknotet und entknotet sich mit geschlossenen Augen, wieder den Anweisungen von zwei oder drei außenstehenden Spielern folgend. Dabei ist es ein besonderes Erlebnis, wenn die Gruppe im verknoteten Zustand kurz die Augen öffnet, um über das Ergebnis des blinden Verknotens zu staunen.

Tipp

Normalerweise wird das Knotenspiel auf einer freigeräumten Fläche im Klassenraum, in der Halle oder draußen gespielt. Einen besonderen Reiz kann es jedoch haben, es auch mal im normal vollgestellten Klassenraum zu probieren. Dabei müssen die Schüler dann beim Ver- und Entknoten über Tische und Stühle klettern. Das verursacht zwar ein visuelles Chaos, fördert aber die Rücksichtnahme untereinander.

Variante 2

Die **wirklich schwierigste Variante** dieses Spiels für bis zu 15 Schüler funktioniert so: Man stellt sich nicht in einen Kreis mit Handfassung, sondern geht so aufeinander zu, dass alle ganz dicht zusammen stehen. Dann streckt jeder seinen rechten Arm in die Mitte, greift eine der in die Mitte gestreckten Hände und lässt den Partner bis zum Schluss nicht mehr los. Anschließend streckt jeder seinen linken Arm in die Mitte und greift eine der linken Hände (nur nicht die linke Hand desjenigen, mit dessen rechter Hand man bereits verbunden ist). Jetzt sind alle mit allen Händen miteinander verbunden und bilden ein dichtes, fast nicht auflösbares Knäuel.

Die Aufgabe besteht nun wieder darin, durch langsames Entknoten ohne Loslassen der Hände in eine Kreisformation mit Handfassung zu kommen. In den meisten Fällen gelingt es!

Der freie Stuhl

Ziel
taktisches Bewegen, Kooperation in der Gruppe und Wahrnehmung fördern

Spieldauer
15 Minuten

Anzahl der Spieler
beliebig viele

Räumliche Bedingungen
Klassenraum: Tische zur Seite rücken

Vorbereitungsaufwand
gering

Material
für jeden Spieler einen Stuhl – die Stühle im ganzen Raum verteilen

Zum Spiel
Der Spielleiter versucht, langsam gehend (Gänseschritte) den freien Stuhl im Raum zu erreichen. Durch geschicktes Platzwechseln der Mitspieler wird dies verhindert.

Spielverlauf
Für jeden Spieler, auch für den Spielleiter, gibt es einen Stuhl. Die Stühle sind kreuz und quer im Raum verteilt. Alle Spieler setzen sich, ein Stuhl, der ein ganzes Stück vom Spielleiter entfernt stehen sollte, bleibt frei. Der Spielleiter geht nun langsam auf diesen freien Platz zu. Dabei macht er nur Gänseschritte, setzt also einen Fuß so vor den anderen, dass bei jedem Schritt die Ferse des einen Fußes die Zehenspitzen des anderen berührt. So wird garantiert, dass er auch wirklich nur langsam vorwärtskommt.
Die Gruppe will gemeinsam verhindern, dass der Spielleiter den freien Stuhl besetzt. Jeder der Spieler kann aufstehen und sich auf den freien Stuhl setzen. Die Gruppe der sitzenden Spieler darf, sobald einer aufgestanden ist, auch laufen oder zu dem freien Stuhl rennen. Dann gibt es aber einen neuen freien Platz!

Natürlich wird der Spielleiter die Richtung ändern und versuchen, den neu frei gewordenen Sitzplatz zu erreichen. Die Mitspieler können das durch Aufstehen und Wechseln ihrer Sitzplätze verhindern. Die Geschwindigkeit seiner Gangart darf der Spielleiter dabei aber nicht verändern.
Eine wichtige Regel gibt es noch: Sobald einer der sitzenden Mitspieler seinen Platz verlassen hat, darf er nicht wieder auf den eigenen Platz zurück. Hier muss nun die Gruppe helfen. Ein weiterer Mitspieler sollte dann schnell aufstehen und ihm so einen neuen Platz anbieten. Absprachen untereinander oder eine Aufforderung, wer gerade loslaufen soll, können aus der Gruppe kommen und hilfreich sein, um es dem Spielleiter zu erschweren, einen Platz einzunehmen.
Wenn der Spielleiter einen freien Platz erreicht hat, setzt er sich einfach.
Anschließend kann sich die Spielgruppe austauschen und vielleicht eine Taktik für eine weitere Runde besprechen.
Dieses Spiel erfordert eine gute Zusammenarbeit in der Gruppe. Man kann es auch dazu einsetzen, um in den Klassen 5 und 6 zu verdeutlichen – und anschließend zu reflektieren –, wer sich in der Klasse für die gesamte Gruppe verantwortlich fühlt, und wie Absprachen in der Gruppe getroffen und umgesetzt werden.

Differenzierungen

Für jüngere Spieler ist es hilfreich, eine Spielgeschichte anzubieten. Im Sachunterricht kann der Spielleiter zum Beispiel ein Kuckuck sein, der versucht, sich fremd einzunisten.

Varianten

Sollten mehr als 30 Spieler dieses Spiel spielen, sind zwei freie Stühle, die es immer wieder zu besetzen gilt, für den Spielfluss und die Spannung angebracht.

Tipp

Dieses Spiel fördert die Kooperation in der Gruppe. Aus diesem Grund ist es wichtig, dass zunächst der Spielleiter die Rolle des Platzsuchenden einnimmt. Nach einem Versuch soll die Zeit genutzt werden, um gemeinsam zu reflektieren und eine neue Taktik zu besprechen.

Handtuchball

Ziel
Kooperation, Geschicklichkeit und überlegtes Handeln fördern

Spieldauer
10–20 Minuten

Anzahl der Spieler
beliebig

Räumliche Bedingungen
Turnhalle, Pausenhof, langer Flur

Vorbereitungsaufwand
gering (Material bereitstellen)

Material
Geschirrhandtücher (halb so viele wie Schüler) oder Küchenpapierblätter, 10 Pingpongbälle / kleine Schaumstoffbälle

Zum Spiel
In diesem Spiel schleudern Paare kleine Bälle von Handtuch zu Handtuch.

Spielverlauf
Die ganze Klasse bildet zwei Doppelreihen. In jeder Doppelreihe sollten mindestens fünf Paare stehen, die sich im Abstand von etwa einem Meter in einer Reihe aufstellen.
Jedes Paar hält ein Geschirrhandtuch – wie ein Bettlaken gespannt – in den Händen. Am Anfang oder Ende jeder Reihe liegen fünf Pingpongbälle bereit, die einzeln auf das erste Tuch gelegt und anschließend von Tuch zu Tuch geschleudert werden müssen, um schließlich am Ende der Reihe in einem Hut (oder ähnlichen Behälter) zu landen.
Fällt ein Ball daneben, startet der Ball wieder beim ersten Paar.

Tipp
Als Vorübung können sich immer zwei Paare zueinander stellen, die sich gegenseitig einen Ball von Tuch zu Tuch zuspielen. Haben alle Paare den Bogen raus, kön-

nen vier Paare eine Kette bilden, und erst, wenn das gut klappt, kann die „Staffel" oder das Herumschleudern im Kreis (siehe: Variante) gespielt werden.
Wird die Staffel ohne Übung durchgeführt, kann das für die Schüler frustrierend sein, weil der Ball zu oft daneben springt und wegrollt.

Differenzierungen

Vereinfacht oder erschwert werden kann dieses Spiel entweder durch Materialien (Tuch bzw. Ball), die sich leichter zum Schleudern eignen, oder durch Verringerung bzw. Vergrößerung des Abstands zwischen den Paaren.
Verwendet man Styroporkugeln, so fliegen diese langsamer, womit sich das Nachbarhandtuch besser treffen lässt.

Variante

Alle Paare bilden einen Kreis. Zwei Bälle werden im Uhrzeigersinn von Handtuch zu Handtuch geschleudert, starten aber bei zwei sich diagonal gegenüberstehenden Paaren. Das Spiel ist beendet, wenn ein Ball den anderen eingeholt hat. Fällt ein Ball herunter, startet er nicht wieder bei seinem Startpaar, sondern bei dem Paar, dem es nicht gelungen ist, ihn auf das nächste Handtuch zu schleudern.

Tipp

Für die Schüler ist es besonders hilfreich, wenn sie Zeit zum Ausprobieren verschiedener Techniken für das Wegschleudern des Balles haben. Den Ball durch gleichzeitiges Anspannen des Tuchs zu beschleunigen, ist beispielsweise eine effektive Methode, auf die die Schüler aber häufig erst durch längeres Ausprobieren kommen.

Pinguine auf der Eisscholle

Ziel
Kooperation und Teamfähigkeit trainieren; Probleme lösen lernen

Spieldauer
10–15 Minuten

Anzahl der Spieler
bis 25 Spieler

Räumliche Bedingungen
Klassenraum: Tische und Stühle zur Seite rücken

Vorbereitungsaufwand
gering

Material
mehrere alte Zeitungen; für die Variante: Stühle (einer weniger als Spieler), Musik, eventuell: Glocke

Zum Spiel
Die Spieler müssen auf immer enger werdendem Raum gemeinsam Platz finden.

Spielverlauf
Alle Spieler werden zu Pinguinen, die gemeinsam im Eismeer leben. Auf dem Boden befindet sich eine Fläche aus mehreren ausgebreiteten, aneinandergelegten Zeitungen. Diese Fläche ist die Eisscholle. Die ganze Gruppe der Pinguine hat darauf Platz. Die Pinguine können sich kurz begrüßen oder ein wenig hin und her watscheln. Doch jetzt macht der Spielleiter auf die Bedrohung aufmerksam. Die Sonne scheint kräftig und so beginnt die Scholle aufzutauen. Alle Pinguine möchten aber gemeinsam auf der Scholle bleiben.
Der Spielleiter umrundet die Zeitungsfläche immer wieder und reißt dabei Zeitungsstücke ab. So verkleinert er die Fläche für die Spieler stetig. Die Spieler müssen nun versuchen, immer näher aneinanderzurücken, damit für alle Platz auf der Scholle bleibt. Vielleicht können sich auch einige gegenseitig tragen oder stützen, sodass sie noch alle auf der Fläche haben. Hier gilt es, erfinderisch zu sein!

Wenn die Gruppe beschließt, dass nun der Platz vollkommen ausgeschöpft ist, verlassen sie die Fläche. Anschließend schauen sich Spielleitung und Gruppe gemeinsam an, auf welch kleinem Raum die Gruppe zusammen stehen konnte. Gut ist es, wenn man dabei zur Verdeutlichung wieder die Ursprungsfläche auslegt, um so den direkten Vergleich zu haben.

Differenzierungen

Anstelle der Fläche aus Zeitungen kann man auch einige Hula-Hoop-Reifen auf dem Boden auslegen. In diese soll sich nun für einen Moment die ganze Gruppe stellen und danach wieder daneben. Der Spielleiter erklärt nun, dass er einen Reifen entfernen wird. Die Gruppe berät, wie sie sich am besten wieder in die verbliebenen Ringe aufstellt, sodass jeder Platz hat.
Hier können so viele Durchgänge gespielt werden, bis die Gruppe nicht mehr auf die Fläche der ausliegenden Reifen passt.

Tipp

Es ist wichtig, dass die Teilnehmer sich beraten und ihre Strategien kurz ausprobieren können.

Variante

Die folgende „Reise nach Gruppenhauf“ stellt die kooperative Variante der weltbekannten „Reise nach Jerusalem“ dar und funktioniert nach dem gleichen Prinzip wie das hier beschriebene Eisschollenspiel: Alle Tische werden an den Rand des Klassenraums geschoben und die Stühle (einer weniger als Spielteilnehmer) in einer Doppelreihe aufgestellt. Bei Musik gehen alle gleichmäßig schnell um die Stühle herum. Auf ein akustisches Signal (Musikstopp oder Glocke) müssen alle auf die Stühle klettern, Bodenkontakt ist nicht mehr erlaubt. Das muss von der kompletten Gruppe geschafft werden, während der Spielleiter „1 – 2 – 3“ ruft.
Für die nächste Runde wird ein Stuhl entfernt usw., bis schließlich alle Spieler auf möglichst wenig Stühlen einen Haufen bilden.

Gruppenjonglage

Ziel
Kooperation, Teamfähigkeit und Reaktionsvermögen fördern

Spieldauer
10–30 Minuten

Anzahl der Spieler
beliebig viele

Räumliche Bedingungen
Klassenzimmer: Tische zur Seite rücken; für Differenzierung 2: Stuhlkreis

Vorbereitungsaufwand
keiner

Material
1 Luftballon / Spieler, für Diff. 1: runder Holzstab (ca. 1 m) oder ein Hula-Hoop-Reifen / Spieler; für Diff. 2: ein Stuhl / Spieler

Zum Spiel
Jeder Schüler spielt mit einem aufgeblasenen Luftballon und alle jonglieren die Ballons als Gruppe gemeinsam.

Spielverlauf

Grundspiel
Die Spieler stellen sich in einem Kreis auf. Jeder hat einen aufgeblasenen Luftballon, den er auch mit seinem Namen versehen kann.

Nun sollen die Ballons von allen gemeinsam durch Antippen in der Luft gehalten werden. Dabei versuchen die Spieler zunächst nur für sich, ihren Ballon möglichst genau auf und ab zu spielen.

Erst auf ein gemeinsam vereinbartes Signal beginnt die „Gruppenjonglage". Die Gruppe wechselt immer in Kreisrichtung von Ballon zu Ballon, sodass nach einem Wechsel ein Spieler jeweils den Ballon des Nebenmannes antippt.

Wichtig ist, dass der Ballon immer nur mit einer Hand angetippt wird und nicht auf den Boden fällt.

Differenzierung 1

Für die Klassen 3 und 4 kann dieses Spiel statt mit Luftballons mit einfachen, runden Holzstäben gespielt werden. Pro Spieler wird ein Holzstab benötigt, den er aufrecht vor sich auf den Boden stellt und festhält. Auch hier wechselt die Gruppe wieder reihum hinter den aufrechten Stäben die Plätze, von Stab zu Stab. Außerdem gilt hier die Regel, dass ein Spieler immer nur einen Stab berühren darf.

Tipp

Statt Holzstäben können auch Hula-Hoop-Reifen verwendet werden – sie haben den Vorteil, dass sie beim Umfallen weniger Krach machen.

Differenzierung 2

In dieser Variante für die Klassen 5 und 6 wird ein Stuhlkreis aufgebaut. Für jeden Spieler gibt es einen Stuhl, hinter den er sich stellt. Nun kippen alle Spieler ihren Stuhl an der Lehne leicht nach hinten, sodass er nur noch auf zwei Beinen steht. Jeder Spieler darf nur einen einzigen Stuhl berühren.
Die Gruppe versucht nun, den Stuhlkreis einmal in einer Richtung zu umrunden. Die Spieler gehen dabei von Stuhl zu Stuhl und versuchen, den jeweiligen Stuhl, den sie nach einem Schritt erreichen, in der beschriebenen Balance auf zwei Beinen zu halten. Kippt ein Stuhl beim Wechseln aus der Balance auf zwei Beinen, sodass er auf allen vier Beinen steht oder gar umfällt, beginnt das Spiel von vorn. Der jeweils neue Stuhl, hinter dem die Spieler nun stehen, wird zum neuen Startplatz.
Die Gruppe kann sich jederzeit besprechen und eine für sie richtige Taktik finden. Vielleicht wechseln die Spieler die Reihenfolge ihrer Plätze? Oder vielleicht gibt einer ein zentrales Kommando zum Wechsel, sodass sich alle wirklich im Gleichtakt von Stuhl zu Stuhl bewegen?
Hier sollte sich der Spielleiter zurücknehmen und der Gruppe den Raum lassen, damit sie ihre eigene Taktik findet.

Tipp

Es kann hilfreich sein, als Spielleiter mitzuspielen, wenn der Stuhl oder Stock häufiger bei derselben Person kippt. Dann empfiehlt es sich, den Platz vor oder hinter dieser Person einzunehmen, um das Spiel auf diese Weise am Laufen zu halten.

DMM: Deutsche Möbelhund-Meisterschaft

Ziel
Kooperation, grobmotorische Geschicklichkeit und überlegtes Handeln trainieren

Spieldauer
10–20 Minuten

Anzahl der Spieler
beliebig

Räumliche Bedingungen
Turnhalle, Pausenhof, langer Flur

Vorbereitungsaufwand
den Parcours erstellen

Material
mind. 1 Transportbrett mit Rollen, Start-/Zieltransparent, Parcoursmarkierung; Handschuhe, 2 Pingpongbälle, Becher

Zum Spiel
In diesem Spiel geht es darum, allein, zu zweit oder zu dritt mit einem „Möbelhund“ (ein Transportbrett mit Rollen) einen markierten Parcours zu befahren.

Spielverlauf
Auf Möbelhunden sollen Einzelspieler, dann Paare und schließlich Dreiergruppen einen Parcours in der Halle, auf dem Schulhof oder auf dem Gang vor den Klassenräumen befahren.
Dazu muss zunächst gemeinsam ein Streckenverlauf gekennzeichnet werden (Stühle, Absperrband, Kreppband, Fähnchen usw.). Dann werden Schüler als Streckenposten gewählt, die darauf achten, dass die Markierungen nicht berührt werden.
Beim Befahren gilt eine wichtige Regel, um Kollisionen zu vermeiden: nie mehr als zwei Möbelhunde gleichzeitig auf der Strecke!

Erster Durchgang
Ein **Einzelspieler** liegt auf dem Möbelhund und schiebt sich mit den Händen vorwärts (je nach Untergrundbeschaffenheit sind Handschuhe zu empfehlen).

Zweiter Durchgang

Nun wird **paarweise** gespielt: Ein Spieler liegt bäuchlings auf dem Möbelhund und sein Partner schiebt und lenkt ihn, indem er gebückt läuft und den liegenden Fahrer an Schultern oder Po schiebt.

Dritter Durchgang

Drei Personen bilden ein Team. Ein Spieler liegt bäuchlings, der zweite sitzt auf dessen Po im Schneidersitz und der dritte schiebt und lenkt, indem er den zweiten an den Schultern fasst.

Variante

Auch so kann **paarweise** gespielt werden: Zwei Spieler liegen übereinander, der untere lenkt.

Tipp

Dieses Bewegungsspiel kann auch als eine lebhafte Spielaktion im Ganztag, bei einer Projektwoche oder einem Schulfest durchgeführt werden.

Differenzierungen

Je nach Länge und Beschaffenheit des markierten Parcours kann das Absolvieren der Strecke erleichtert oder erschwert werden. Es können auch noch Aufgaben hinzugefügt werden, die das Befahren der Strecke schwieriger, aber auch interessanter machen.

Einige Aufgabenbeispiele:

- Der Liegende muss während der Fahrt in den nach vorn ausgestreckten Händen zwei Pingpongbälle transportieren.
- Es muss ein bis zum Rand gefüllter Wasserbecher befördert werden.
- Die Strecke muss in einer bestimmten Zeit möglichst genau abgefahren werden: Diese Aufgabe erweist sich als sehr sinnvoll, wenn Schüler eher auf Schnelligkeit als auf Präzision aus sind.

Zoobesuch

Ziel
Auflockerung, Reaktionsvermögen und Konzentration fördern

Spieldauer
10–15 Minuten

Anzahl der Spieler
beliebig

Räumliche Bedingungen
falls möglich: Tische wegrücken, je 2 Stühle nebeneinander aufbauen; sonst Variante.

Vorbereitungsaufwand
gering

Material
Zettel vorbereiten, auf denen je eine der unterschiedlichen Rollen im Spiel notiert ist; für jeden Spieler 1 Stuhl

Zum Spiel
Es wird eine Geschichte mit verschiedenen Rollen erzählt. Sobald darin die Rolle eines der Spieler erwähnt wird, muss sich dieser von seinem Stuhl erheben, einmal um die Stühle seiner Stuhlreihe herumlaufen und sich anschließend wieder setzen.

Spielverlauf
Der Spielleiter erzählt eine Spielgeschichte (siehe Kartenrückseite), in der Familie Schmitz einen Zoobesuch macht. Jeder Spieler hat vorher einen Zettel gezogen, auf dem steht, wen er verkörpert.
Die Stühle werden in mehreren Reihen aufgestellt. In der ersten Stuhlreihe sitzen Vater und Mutter Schmitz, dahinter Oma und Opa Schmitz, hinter ihnen die Kinder Susi und Peter Schmitz. Dann folgt der Dackel Waldi. Anschließend kommen die Zootiere: Tiger, Löwen, Bären, Affen usw.
Sobald sein Name aufgerufen wird oder auch eine Gruppe, zu der er gehört (alle Menschen, alle Tiere, Familie Schmitz …), steht der entsprechende Spieler auf und rennt einmal um seine Stuhlgasse, bis er wieder auf seinem Platz angekommen ist.

Spielgeschichte: Familie Schmitz fährt in den Zoo

Die Sonne scheint hell und es ist der letzte Ferientag. Also beschließt Familie Schmitz *(alle Mitglieder der Familie Schmitz inklusive Dackel Waldi umrunden ihre Stuhlreihe)*, einen Ausflug in den Zoo zu machen. Die Kinder *(Peter und Susi laufen)* sind ganz aufgeregt und fragen, welche Tiere *(nun laufen alle Tiere einmal um die Stühle)* es denn da gibt.

Die Großeltern *(Oma und Opa laufen)* wissen Bescheid: „Es gibt dort Tiger *(nur die Tiger laufen)* und Affen *(nur die Affen laufen)* und in Köln jetzt neuerdings auch Ameisenbären!" *(die Ameisenbären laufen)*. Die Eltern *(Vater und Mutter rennen)* packen einen Picknickkorb und ergänzen: „Elefanten und Giraffen sind auch da und im Hippodrom gibt es Krokodile und Flusspferde." *(die jeweils genannten Tierarten laufen)*

Differenzierungen

Die Geschichte kann beliebig erweitert oder verkürzt werden. Neben der Familie und den Tieren können natürlich auch Tierpfleger, der Zoodirektor, ein Eisverkäufer usw. eine Rolle spielen.

Tipp

Langsames Lesen ist hier ganz wichtig, besonders, wenn einige Mitspieler zweimal nacheinander laufen. Je nach multikultureller Zusammensetzung der Klasse können die Vor- und Nachnamen der Familie und ihrer Mitglieder natürlich auch anders lauten.

Varianten

- Eine schon mehr zu Darstellspielen gehörende Variante besteht darin, dass sich alle Spieler entsprechend ihres Rollenzettels wie in einem Bühnenbild aufstellen und immer dann, wenn sie in der Geschichte genannt werden, eine für ihre Rolle typische kleine Bewegung machen, z. B.: Der Affe trommelt sich auf die Brust, die Tochter simst auf ihrem Handy usw. Gemeinsam mit den Mitspielern kann überlegt werden, welche Geste für welche Rolle die richtige ist.
- Statt die Stühle in mehreren Reihen aufzustellen, funktioniert das Spiel in der normalen Klassenraummöblierung auch folgendermaßen: Wenn der Rollenname eines Schülers genannt wird, steht dieser auf, rennt nach vorn zur Tafel, schlägt diese an und rennt wieder zurück zum Platz. Wenn der Gruppenname genannt wird, funktioniert diese Vorgehensweise auch mit mehreren Schülern.

Flipperspiel

Ziel
Koordination und Reaktionsvermögen trainieren

Spieldauer
10 Minuten

Anzahl der Spieler
beliebig

Räumliche Bedingungen
Turnhalle, Pausenhof

Vorbereitungsaufwand
keiner

Material
Softball; Variante: 6 Softbälle

Zum Spiel
Die Schüler spielen einen Ball schnell hin und her und versuchen, ihn durch die Beine eines Mitspielers zu flippern.

Spielverlauf
Die Gruppe stellt sich im Rechteck, mit den Gesichtern nach außen, auf. Die Spieler grätschen ihre Beine etwas breiter als ihre Schulterbreite. Sie stehen dabei so weit auseinander, dass sich ihre Füße jeweils nur an den Außenseiten berühren. Jetzt beugen sich alle Spieler nach vorn und schauen durch ihre gegrätschten Beine hindurch in die Mitte der rechteckigen Flipper-Spielfläche. Der Softball wird nun zur Flipperkugel, er wird schnell gerollt, kreuz und quer durch den Flipper. Ziel ist es, den Ball durch die Beine eines Mitspielers zu flippern. Der Ball darf dabei nicht gehalten oder geworfen werden, er wird nur schnell hin und her gerollt.

Differenzierungen
In den Klassen 1 und 2 können die Spieler das Rechteck auch mit dem Gesicht nach innen bilden.

Variante 1

In dieser Variante stellen sich ein paar freiwillige Spieler auf die Flipper-Spielfläche. Sie versuchen, nicht vom Ball, den die Spielgruppe wieder schnell hin und her rollt, berührt zu werden. Sie können ausweichen oder aber auch über ihn hinüberspringen. Wird ein Spieler aus der Mitte getroffen, tauscht er den Platz mit dem Spieler, der ihn abgetroffen hat.

Variante 2

In dieser Variante liegen die Spieler, die den Ball hin und her „flippern", auf dem Boden. Der Ball wird nun dadurch schnell hin und her gespielt, dass die Spieler ihren rechten oder linken Arm hervorschnellen lassen und so dem Ball Schwung geben. In der Mitte bewegen sich wieder einige freiwillige Mitspieler, die vom Ball nicht berührt werden wollen. Erwischt sie der Ball dann doch, werden sie auch zu Flippern, die den Ball schnell herumspielen. Wer schafft es am längsten, nicht vom Ball getroffen zu werden?

Tipp

In sehr großen Gruppen können mehrere Flipper gebildet werden oder es wird mit mehreren Bällen in einem Flipper gespielt.

Variante 3

In Klassen ab Jahrgangsstufe 4 kann versucht werden, mit allen gemeinsam einen riesigen Flipperautomaten nachzustellen. Für dieses Spiel werden sechs Schaumstoffbälle benötigt.
Die Hälfte der Schüler bildet die Wände und markiert eine rechteckige Fläche. Rollt der Ball dagegen, wird er ins Feld zurückgestoßen, in Richtung des Tors. In der Mitte hocken einige Schüler als Hindernisse, die nichts tun, außer ein passendes Geräusch von sich zu geben, wenn der Ball sie trifft. Jeder Treffer wird als Punkt gezählt. Zwei Spieler stehen jeweils an einer Schmalseite und bilden mit weit gegrätschten Beinen das Tor. Rechts und links vor dem Tor sitzt je ein Schüler, der mit ausgestreckten Beinen das Tor vor dem heranrollenden Ball verschließen kann, aber nur dann, wenn er von zwei flippernden Schülern angetippt wird. Diese zwei flippernden Schüler stehen hinter der gegenüberliegenden Schmalseite und rollen jeder bis zu drei Bälle in die Flipperfläche. Um das Tor zu schließen, müssen sie dann allerdings herumrennen, um einen „Türflügel"-Schüler anzutippen.

Tanzspiele für den Klassenraum

Ziel
Fein-/grobmotorische Geschicklichkeit und Ausdrucksfähigkeit fördern

Spieldauer
5–10 Minuten je Spiel

Anzahl der Spieler
beliebig

Räumliche Bedingungen
Klassenraum, auch Turnhalle

Vorbereitungsaufwand
Aufgabenzettel vorbereiten

Material
einfach tanzbare Musik, Luftballons in doppelter Anzahl wie Schüler

Zum Spiel
Kurze Tanzspiele, für die in der Klasse Tische und Stühle nicht unbedingt an den Rand geräumt werden müssen – obwohl es natürlich besser ist, wenn die Schüler mehr Platz haben.

Spielverlauf
Dieser Ablauf ist für alle folgenden Spiele gleich:
Alle bewegen sich allein oder zu zweit am Platz zur Musik. Bei Musik-Stopp wird ein Aufgabenzettel gezogen und die Aufgabe laut vorgelesen.
Die Aufgabenzettel finden Sie im Download-Material.

Klebertanz
Bei Musik-Stopp sucht sich jeder einen Partner. Die Paare „kleben“ die angesagten Körperteile aneinander und bewegen sich auf diese Weise bis zum nächsten Stopp zur Musik.

Beispiele für Aufgabenzettel für den Klebertanz:
- Rücken an Rücken;
- Spitze vom kleinen Finger an Spitze vom kleinen Finger;

- Ellenbogen an Ellenbogen;
- Po an Po;
- Nasenspitze an Nasenspitze;
- beide Hände an beide Hände;
- ein Knie an ein Knie;
- Schuhsohle an Schuhsohle.

New Spots in Movement

Beim Musik-Stopp wird ein Aufgabenzettel gezogen. Alle erledigen so schnell wie möglich die vorgelesene Aufgabe, bis die Musik wieder einsetzt.

Beispiele für Aufgaben:

- möglichst vielen schnell die Hände schütteln;
- möglichst vielen sanft über die Haare bzw. das Kopftuch oder die Mütze streichen;
- ganz schnell einen Partner suchen und sich nacheinander eine kurze Rückenklopf-Massage geben;
- schnell im Raum hinter irgendetwas verstecken;
- schnell irgendetwas Blaues berühren;
- alle möglichst ganz schnell mit einem Finger den Lehrertisch berühren;
- mit einem Zweiten Rücken an Rücken stellen, Arme unterhaken, so hinsetzen und wieder aufstehen (bei ungerader Zahl: Das geht auch zu dritt!);
- schnell auf einen Stuhl oder Tisch oder ähnliches Möbelstück klettern.

Ballontanz

Alle suchen sich beim Musik-Stopp schnell einen Partner, nehmen sich die Luftballons wie angesagt und tanzen so zusammen bis zum nächsten Musik-Stopp. Zum Teil ist bei diesen Aufgaben etwas mehr Platz notwendig. Die Luftballons sollten fertig aufgeblasen sein.

Beispiele für Ballontanz-Aufgaben:

- einen Luftballon zwischen die Stirnen klemmen und ohne Anfassen tanzen;
- sich Rücken an Rücken stellen, einen Luftballon in den Nacken (zwischen die Hinterköpfe) klemmen und so tanzen;
- einen Luftballon zwischen die Kniekehlen klemmen und so tanzen;
- einen Luftballon zwischen die Pos;
- einen Luftballon zwischen die Bäuche;
- sich Rücken an Rücken stellen, einen Luftballon in den Nacken und einen zwischen die Pos klemmen und so zusammen tanzen;
- jeder klemmt sich einen Luftballon zwischen seine Knie und tanzt alleine;
- einen Luftballon zwischen die Pos und dann dreht sich beim Tanz jeder um seine Achse.

Känguru-Schule

Ziel
Motorik, Freude an gymnastischen Aktivitäten und Kooperation fördern

Spieldauer
je Spieldurchgang 5 Minuten

Anzahl der Spieler
beliebig

Räumliche Bedingungen
Klassenraum, Turnhalle, Pausenhof

Vorbereitungsaufwand
keiner

Material
keines

Zum Spiel
In diesem Spiel lernen die Schüler in jeweils drei Schritten, sich wie ein Känguru zu bewegen, dann paarweise und schließlich in der Rolle einer Känguru-Mutter – mit Kind im Beutel – zu hüpfen.

Spielverlauf
Der Spielleiter macht die Bewegungen vor, die Gruppe stellt sich im Halbkreis oder in Zweierreihen auf und macht immer gleich mit:

- **Einüben der korrekten „Känguru-Hüpfhaltung" in drei Schritten:**
  Schritt 1: Mit geradem Rücken aufrecht stehen. Die Arme angewinkelt parallel nach vorn strecken und die Hände pfötchenartig nach vorn abknicken.
  Schritt 2: Die Füße etwas auseinander, aber parallel stellen und die Knie leicht beugen, sodass der Körper in eine angedeutete Hocke bei weiterhin aufrechtem Oberkörper kommt. Blick geradeaus!
  Schritt 3: Den Po deutlich nach hinten herausstrecken und mit beiden Beinen gleichzeitig loshüpfen.
- **Zu zweit hüpfen lernen:** Als Paar dicht nebeneinander stehen und sich bewegen, wie bei „Schritt 1"

beschrieben. Als „Schritt 1a“ zwei „Pfötchen“ übereinander legen. Danach zu zweit Schritt 2 und 3 durchführen und mit der „Pfötchen“-Handhaltung loshüpfen.

- **Känguru-Mutter mit Kind im Beutel:** Zwei Schüler stellen sich dicht hintereinander (der größere Schüler ist der Hintermann = die Känguru-Mutter). Sobald die Spielleitung die Vorgabe „Pfötchenhaltung einnehmen“ macht, legt der hintere Schüler die Arme um den Bauch des vorderen (Baby im Beutel). Dann mit dieser Haltung gemeinsam loshüpfen.

Varianten

- Das Spiel kann gut bei einer Weltreise-Spielkette (Australien) eingesetzt werden oder
- bei einer Spielkette zum Thema „Besuch im Zoo“ eine Spielaufgabe bilden.

Differenzierungen

Ein ähnliches Tier-Bewegungsspiel lässt sich auch besonders leicht und ausdrucksstark mit Affen, Elefanten, Giraffen und Pinguinen durchführen.

Tipp

Bei Tierdarstellungen ist es wichtig, dass zunächst schrittweise die jeweils typische Haltung eingenommen und erst im dritten oder in einem vierten Schritt zusätzlich die Fortbewegung gestartet wird. Wenn bei den ersten Schritten sichtbar wird, dass diese typischen Haltungen von den Schülern nicht genau genug eingenommen werden, sollte die Spielleitung die Schüler darauf aufmerksam machen und mit ihren Anweisungen nochmal von vorn beginnen.

Mein rechter, linker Platz ist frei

Ziel
Wahrnehmung, Schnelligkeit, Reaktionsvermögen trainieren

Spieldauer
10–15 Minuten

Anzahl der Spieler
beliebig

Räumliche Bedingungen
Klassenraum: Tische zur Seite rücken

Vorbereitungsaufwand
keiner

Material
Stuhlkreis (1 Stuhl mehr als Spieler)

Zum Spiel
In diesem Spiel versuchen ausgewählte Spieler, schnell einen neuen Platz zu erreichen.

Spielverlauf
Alle Spieler sitzen in einem Stuhlkreis, in dem ein Stuhl mehr als Teilnehmer vorhanden ist, weshalb der rechte Stuhl neben einem Spieler freigeblieben ist. Dieser Spieler klopft auf den Stuhl und sagt: „Mein rechter, rechter Platz ist frei, ich wünsche mir …" – und nun fügt er ein äußerlich sichtbares Merkmal hinzu, z. B.: „… jemanden, der eine Jeans trägt, herbei!"
Alle Mitspieler, die eine Jeans tragen, sollen sich nun angesprochen fühlen und um die Wette zu dem freien Platz laufen. Derjenige, der den Wettlauf für sich entscheidet, bleibt auf dem neuen Platz sitzen, die anderen gehen auf ihre alten Plätze zurück.
Wieder beginnt der Spieler, neben dem der rechte Platz frei geworden ist. Er nennt ein anderes äußerlich sichtbares Merkmal.
Solche Merkmale können sein: Brille, Turnschuhe, kurze Haare, lange Haare, Haarfarben etc.

Differenzierungen

Ab den Klassen 3 und 4 kann man auch nicht Sichtbares nennen, zum Beispiel Eigenschaften, die auf mehrere Personen gleichzeitig zutreffen. Hier ruft der Startspieler dann auf den Stuhl rechts neben sich z. B. einen Mitspieler, der gerne lacht, der oft Fußball spielt, der häufig Spaghetti isst, der gerne kocht, der ein Instrument spielt, der Geschwister hat, und so weiter.

Variante 1

Das Spiel kann auch sehr schnell gespielt werden, indem schon während des Laufduells um den freien Platz derjenige Spieler, bei dem gerade der rechte Platz frei geworden ist, mit dem Klopfen beginnt.

Variante 2

Bei dieser Variante klopft nicht nur die Person, neben der der rechte Platz frei ist. In diesem Spiel klopfen gleichzeitig der rechte und linke Nachbar des freien Stuhls mit den Worten „Mein rechter, rechter Platz ist frei …" beziehungsweise „Mein linker, linker Platz ist frei, ich wünsche mir … (hier wird ein Name irgendeines Mitspielers genannt) herbei!". Hier werden dann nicht mehr Eigenschaften oder äußere Merkmale gerufen, sondern die Personen mit den Namen herbeigerufen.

Die beiden Spieler neben dem freien Platz sprechen sich vorher nicht ab, wen sie rufen werden. So entsteht wieder ein Laufduell zwischen zwei aufgerufenen Personen.

Sobald dann erneut linke und rechte Plätze im Laufduell frei sind, können die daneben Sitzenden wieder bestimmte Namen nennen und so gleichzeitig mehrere Personen zu sich rufen.

Tipp

Das Grundspiel und die Differenzierung eignen sich besonders gut zum Kennenlernen der Spieler untereinander.

In der Variante 2 können bei Gruppen, die sich schon ein wenig kennen, mit viel Spaß Namen aufgefrischt werden.

Familienfest der Tausendfüßler

Ziel
fein- und grobmotorische Geschicklichkeit trainieren, Freude an Bewegung haben

Spieldauer
10–15 Minuten

Anzahl der Spieler
beliebig

Räumliche Bedingungen
Klassenraum, auch Turnhalle

Vorbereitungsaufwand
keiner

Material
keines

Zum Spiel
Die Schüler bewegen sich in Kleingruppen einbeinig hüpfend fort und versuchen, dabei eine lange Reihe zu bilden.

Spielverlauf
Die Klasse wird in mehrere Teilgruppen mit etwa sechs Schülern aufgeteilt. Tischgruppen müssen nicht an die Seite gestellt werden, sofern sie gut umrundet werden können.

Die Tausendfüßler in diesem Spiel sind eine besondere, exotische Variante und bewegen sich in einer ganz merkwürdigen Haltung fort, die erst einmal eingeübt werden muss: Die Spieler stehen alle in einer Gruppe dicht hintereinander und legen zunächst beide Hände auf die Schulter des jeweils vor ihnen stehenden Spielers. Dann hebt der Kopf des Tausendfüßlers (der vorderste Spieler) seinen linken Fuß so an, dass der zweite Spieler mit seiner linken Hand dessen Unterschenkel umfassen kann. Die rechte Hand des zweiten Spielers bleibt auf der Schulter des ersten Spielers!

Der zweite Spieler hebt nun seinen rechten Fuß, der vom dritten Spieler mit dessen rechter Hand ergriffen und gehalten wird und so geht es abwechselnd links und rechts weiter bis zum Letzten in der Reihe. Haben alle Gruppen diese komplizierte Hand-Fuß-Fassung eingenommen, wird geübt, wie man sich auf diese Weise vorwärts bewegen kann. Klappt es bei allen Gruppen einigermaßen, gehen alle in ihre Ausgangsposition (z. B. in die Ecken des Klassenraums) zurück, nehmen ihre Haltung ein und humpeln oder hüpfen auf ein Startsignal hin los. Ziel ist für jeden Kopf eines Tausendfüßlers, sich an das Ende eines anderen Tausendfüßlers anzudocken. Zum Schluss sollen alle Spieler als ein großer Tausendfüßler-Kreis zusammen dastehen.

Variante

Als Krönung der Tausendfüßler-Familienzusammenkunft kann noch ein kleiner Kreistanz aufgeführt werden oder alle klatschen einfach nur Beifall für das gelungene Zusammenkommen.

Tipp

Die Fortbewegung in dieser schwierigen Haltung ist sehr anstrengend und einige Gruppen drohen schon nach ein paar Metern auseinanderzubrechen oder gar aufzugeben. Das Spiel gilt aber nur als erfolgreich beendet, wenn sich alle als Kreis zusammengefunden haben. Den Gruppen sollte der Hinweis gegeben werden, dass sie unter Umständen besser vorankommen, wenn sie die Reihenfolge ihrer Spieler wechseln und sich so hintereinander stellen, dass sich kräftigere Spieler mit schwächeren abwechseln, um sich besser untereinander stützen zu können.

Dschungelspiele

Ziel
Schnelligkeit, Kooperation und Reaktionsvermögen trainieren

Spieldauer
10–15 Minuten

Anzahl der Spieler
beliebig viele in Vierergruppen

Räumliche Bedingungen
Klassenraum: Tisch und Stühle zur Seite rücken; Turnhalle; Pausenhof

Vorbereitungsaufwand
keiner

Material
für Spiel „Klapperschlange“: 2 kleine Schraubgläser/Dosen, mit Kieselsteinchen o. Ä. gefüllt; Augenbinde

Zum Spiel
Zwei Varianten eines Spiels, bei dem ein Spieler versucht, einen zweiten Spieler abzutippen oder zu fangen, während die anderen Spieler diesen schützen.

Spielverlauf

Moskitos im Dschungel
Die Gruppe teilt sich in Kleingruppen von je vier Spielern auf. Ein Spieler wird zum Moskito, der versucht, einen anderen Mitspieler zu stechen, indem er ihn mit dem Finger auf dem Rücken, am Rumpf oder am Arm antippt. Die drei anderen Spieler fassen sich an den Händen und bilden einen Kreis. Einer von ihnen wird als Ziel des Moskitos bestimmt, nur diesen Spieler versucht der Moskito zu stechen. Die beiden anderen Spieler bemühen sich, den ersten, der das Ziel des Moskitos ist, zu schützen, indem sie sich vor ihn stellen oder sich drehen oder versuchen, den Moskito einfach abzuhalten. Dabei halten sich die drei Spieler permanent an den Händen.
Sobald der Moskito erfolgreich zugestochen hat, werden die Rollen gewechselt.

Klapperschlangen im Dschungel

Die Gruppe bildet einen großen Kreis. Zwei Freiwillige gehen hinein, einer ist der Fänger, der andere soll gefangen werden. Beide schließen die Augen, bei jüngeren Schülern empfiehlt es sich, ihnen diese zu verbinden.

Nun bekommen beide Spieler ein Schraubglas oder eine Dose mit Kieselsteinchen oder getrockneten Hülsenfrüchten zum Schütteln in die Hand gedrückt (damit soll das Geräusch der Klapperschlange nachempfunden werden).

Der Fänger muss mit geschlossenen Augen versuchen, seinen Mitspieler zu fangen. Dabei soll er nicht einfach wild herumlaufen, sondern versuchen, ihn mithilfe des akustischen Signals zu finden.

Der Fänger klappert zuerst mit seiner Dose. Der Spieler, der gefangen werden soll, „antwortet" auf das Klappern des Fängers ebenfalls, indem er die Dose schüttelt. Beide orientieren sich nur an den Geräuschen, um zu fangen oder auszuweichen.

Wenn keine Dosen vorhanden sind, kann der Jäger auch einfach „Klapper" rufen, worauf der Gejagte mit dem Ruf „Schlange" antwortet.

Der Kreis der Gruppe um die beiden herum ist wichtig, um den mit geschlossenen Augen agierenden Spielern Sicherheit zu bieten. Immer, wenn einer der Spieler sich dem Kreis, der das Spielfeld begrenzt, nähert, ruft einer der Mitspieler im Kreis „ping", sodass dem blinden Mitspieler klar ist, dass er sich wieder in Richtung Kreismitte orientieren muss.

Förderschwerpunkte der in diesem Buch aufgeführten Spiele

	Nummer der Spiele
Achtsamkeit	17, 25, 26
Aktivierung	1, 2, 3, 4, 5, 6, 7, 8, 9, 10, 11, 12, 13, 34
Ausdrucksfähigkeit	2, 7, 12, 16, 17, 20, 26, 36
Balance	10, 22
Beobachtungsgabe	12, 14, 17
Empathie	18, 22, 23, 26, 27
Fantasie	2, 8, 12, 14, 16, 26
Freude an Gymnastik	37, 39
Geschicklichkeit, feinmotorische	2, 3, 12, 17, 18, 22, 23, 26, 36, 37, 39
Geschicklichkeit, grobmotorische	11, 22, 23, 28, 30, 33, 36, 37, 39
Handeln, überlegtes	28, 30, 33
Konzentration	6, 8, 12, 18, 21, 22, 23, 24, 25, 26, 27, 34
Kooperation	1, 10, 11, 15, 22, 23, 25, 26, 28, 29, 30, 31, 32, 33, 37, 40
Koordination	24, 28, 35, 36
Reaktionsvermögen	1, 5, 6, 7, 9, 32, 34, 35, 38, 39, 40
Rhythmus	4, 21
Schnelligkeit	39, 40
Selbstbeherrschung	14
Sprachförderung	2, 7, 8, 12, 20, 21, 26
Teamfähigkeit	28, 31, 32
Wahrnehmung	9, 12, 17, 19, 25, 29, 39
Zeitgefühl	19

Unter **www.friedrich-verlag.de** finden Sie Materialien zum Buch als Download.
Bitte geben Sie den achtstelligen Download-Code in das Suchfeld ein.

DOWNLOAD-CODE: d14826bw

Hinweis:

Das Download-Material enthält **ein Planungsschema für Spielketten, verschiedene Aufgaben- und Begriffekärtchen, diverse Spielbeschreibungen, Spielvarianten und Spielgeschichen,** die Sie bei der Vorbereitung und Durchführung von Bewegungsspielen im Unterricht unterstützen.

Haben Sie Fragen zum Download? Dann wenden Sie sich bitte an den Leserservice der Friedrich Verlags GmbH. Schreiben Sie uns oder rufen Sie uns an!

Sie erreichen unseren Leserservice
Montag bis Donnerstag von 8–18 Uhr
Freitag von 8–14 Uhr
Tel.: 0511/40004-150
Fax: 0511/40004-170
E-Mail: *leserservice@friedrich-verlag.de*

Wir freuen uns über Ihre Rückmeldung und helfen Ihnen gerne weiter!